Découvrez l'histoire par les archives de presse

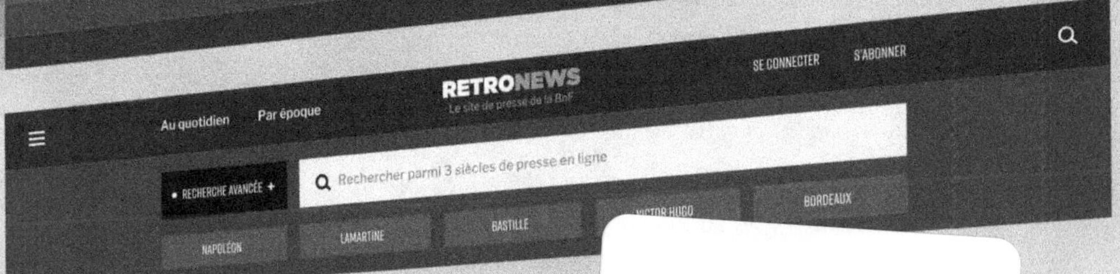

RETRONEWS

Le site de presse de la BnF

www.retronews.fr

BULLETIN

DE LA

SOCIÉTÉ NATIONALE

DES ANTIQUAIRES

DE FRANCE

1929

6026

BIBLIOTHÈQUE
N°
DE MELUN

PARIS

C. KLINCKSIECK

LIBRAIRE DE LA SOCIÉTÉ

11, RUE DE LILLE, 11

Per. 8°
1633

BULLETIN

DE LA

SOCIÉTÉ NATIONALE

DES ANTIQUAIRES

DE FRANCE

BULLETIN

DE LA

SOCIÉTÉ NATIONALE

DES ANTIQUAIRES

DE FRANCE

BUREAU DE LA SOCIÉTÉ

POUR L'ANNÉE 1929.

MM. M. Prinet,   Président.
    M. Roy,   Premier Vice-Président.
    V. Chapot,   Deuxième Vice-Président.
    P. Collinet,   Secrétaire.
    J. Zeiller,   Secrétaire adjoint.
    G. Espinas,   Bibliothécaire-Archiviste[1].
    A. Merlin,   Trésorier.

Membres de la Commission des Impressions.

MM. H. Omont.
    M. Prou.
    É. Michon.
    J. Marquet de Vasselot.
    L. Serbat.

1. Par-décision de la Commission administrative en date du 14 janvier 1925, M. Louis-Marie Michon, associé correspondant national, a été chargé de seconder le bibliothécaire-archiviste.

Membres de la Commission de publication des **METTENSIA**.

MM. H. Omont.
R. Cagnat.
A. Blanchet.
H. Stein.

Membres de la Commission des Fonds.

MM. Ph. Lauer.
H. D'Allemagne.
Mgr Batiffol.

LISTE

DES MEMBRES HONORAIRES

Au 10 Janvier 1930.

—

MM.

1. GAIDOZ (Henri), O. ✻, directeur honoraire à l'École pratique des Hautes-Études, rue Servandoni, 22 (vɪᵉ) (7 novembre 1877-5 février 1913 — *Renier-Saglio*).

2. OMONT (Henri), O. ✻, membre de l'Institut (Académie des inscriptions et belles-lettres), inspecteur général des bibliothèques, conservateur du département des manuscrits de la Bibliothèque nationale, président du Comité des travaux historiques et scientifiques (section d'histoire et de philologie), 45, rue Saint-Ferdinand (xvɪɪᵉ) (9 janvier 1889-13 avril 1921 — *Bordier-Lasteyrie*).

3. BAYE (le marquis DE), ✻, membre de la Commission des monuments historiques (section des monuments préhistoriques), avenue de la Grande-Armée, 58 (xvɪɪᵉ) (3 avril 1889-1ᵉʳ mars 1922 — *Aubert-Bapst*).

4. MARTHA (Jules), O. ✻, professeur honoraire à la Faculté des lettres de l'Université de Paris, rue de Bagneux, 16 (vɪᵉ) (4 février 1891-5 juillet 1922 — *Perrot-Mgr Duchesne*).

5. PROU (Maurice), O. ✻, membre de l'Institut (Académie des inscriptions et belles-lettres), directeur de l'École des chartes, vice-président du Comité des travaux historiques et scientifiques (section d'archéologie), rue Madame, 75 (vɪᵉ) (6 mai 1891-3 janvier 1923 — *Nicard-Vᵗᵉ de Rougé*).

MM.

6. Cagnat (René), O. ✳, secrétaire perpétuel de l'Académie des inscriptions et belles-lettres, professeur au Collège de France, président du Comité des travaux historiques et scientifiques (section d'archéologie) et de la Commission des monuments historiques, au Palais de l'Institut, rue Mazarine, 3 (viᵉ) (6 janvier 1892-5 mars 1924 — *Flouest-Babelon*).

7. Michon (Étienne), ✳, membre de l'Institut (Académie des inscriptions et belles-lettres), conservateur du département des antiquités grecques et romaines au Musée du Louvre, professeur à l'École du Louvre, membre du Comité des travaux historiques et scientifiques, rue Barbet-de-Jouy, 26 (viiᵉ) (9 janvier 1895-4 novembre 1925 — *de Laurière-Homolle*).

8. Blanchet (Adrien), ✳, membre de l'Institut (Académie des inscriptions et belles-lettres), bibliothécaire honoraire au département des médailles et antiques de la Bibliothèque nationale, membre du Comité des travaux historiques et scientifiques, boulevard Émile-Augier, 10 (xviᵉ) (11 décembre 1895-11 janvier 1928 — *de Montaiglon-Lafaye*).

9. Monceaux (Paul), ✳, membre de l'Institut (Académie des inscriptions et belles-lettres), professeur au Collège de France, directeur à l'École pratique des Hautes-Études, à Antony (Seine), rue de Verrières, 47 (13 juin 1900-8 février 1928 — *Saglio-Comte Delaborde*).

10. Stein (Henri), ✳, conservateur honoraire aux Archives nationales, chargé de cours à l'École des chartes, membre du Comité des travaux historiques et scientifiques, rue Gay-Lussac, 38 (vᵉ) (13 juin 1900-6 novembre 1929 — *Longnon-Schlumberger*).

LISTE

DES CORRESPONDANTS ÉTRANGERS

HONORAIRES

Au 10 Janvier 1930.

MM.

1. Pirenne (Henri), O. ✳, associé étranger de l'Institut (Académie des inscriptions et belles-lettres), membre de l'Académie royale de Belgique, professeur à l'Université de Gand, à Gand, rue Neuve-Saint-Pierre, 132 (6 janvier 1909).

2. Bilson (John), vice-président du Royal archaeological Institute, membre du conseil de la Société des Antiquaires de Londres, à Hessle, Yorkshire (6 mars 1912).

3. Cantarelli (Luigi), professeur à l'Université de Rome, à Rome, via Principe Umberto, 132 (6 mars 1912).

4. Cumont (Franz), O. ✳, associé étranger de l'Institut (Académie des inscriptions et belles-lettres), ancien conservateur aux Musées royaux des arts décoratifs et industriels de Bruxelles, à Rome, Corso d'Italia, 19, et à Paris, avenue Kléber, 13 (xvie) (4 juin 1919).

5. Bulíc (Mgr), conservateur et directeur du Musée de Spalato, à Spalato (4 juin 1919).

6. Figueiredo (Josè de), directeur du Musée national des beaux-arts, à Lisbonne, et à Paris, 69, avenue d'Antin (viiie) (4 juin 1919).

7. Rostovtzeff (Michel), professeur à l'Université de Yale, Yale Station, Box 1916, Newhaven, Connecticut (Etats-Unis) (4 mars 1925).

8. Berwick et d'Albe (le duc de), à Madrid, palais de Liria (3 février 1926).

9. Dalton (O. M.), conservateur honoraire du département des antiquités britanniques et du moyen âge au British Museum, à Londres (3 février 1926).

10. . . . .

LISTE

DES MEMBRES RÉSIDANTS

Au 10 Janvier 1930.

———

MM.

1. Clément Pallu de Lessert (A.), docteur en droit, à Tours, Indre-et-Loire, place Gaston-Pailhau, 43 (9 janvier 1901 — *Berger*).

2. Mély (Fernand de), ✳, rue de la Trémoïlle, 26 (viiie) (4 février 1903 — *de. la Noë*).

3. Maurice (Jules), rue Vaneau, 15 (viie) (4 février 1903 — *Müntz*).

4. Toutain (Jules), O. ✳, directeur à l'École pratique des Hautes-Études, professeur à l'École normale supérieure de Fontenay-aux-Roses, secrétaire du Comité des travaux historiques et scientifiques (section d'archéologie), rue du Four, 25 (vie) (3 février 1904 — *U. Robert*).

5. Mazerolle (Fernand), ✳, conservateur honoraire du Musée et des Archives de la Monnaie, à la Direction générale des monnaies et médailles, rue Singer, 2 (xvie) (1er mars 1905 — *Mowat*).

6. Marquet de Vasselot (Jean-J.), ✳, conservateur au Musée du Louvre (département des objets d'art du Moyen âge, de la Renaissance et des temps modernes) et du Musée de Cluny, membre de la Commission des monuments historiques, rue de Marignan, 19 (viiie) (1er mars 1905 — *Guiffrey*).

7. Loisne (le comte Auguste Menche de), docteur en droit, rue de Marignan, 25 (viiie) (4 avril 1906 — *Rey*).

8. Mâle (Émile), O. ✳, membre de l'Institut (Académies française et des inscriptions et belles-lettres), profes-

MM.

seur à la Faculté des lettres de l'Université de Paris, directeur de l'École française de Rome, à Rome, Palais Farnèse, et à Paris, rue de Navarre, 11 (v^e) (6 juin 1906 — *Thédenat*).

9. Espérandieu (le commandant Émile), O. ✳, membre de l'Institut (Académie des inscriptions et belles-lettres), conservateur du Musée de Nîmes, membre du Comité des travaux historiques et scientifiques, à Clamart, avenue Victor-Hugo, 208 (4 juillet 1906 — *Molinier*).

10. Vitry (Paul), O. ✳, conservateur du département de la sculpture du Moyen âge, de la Renaissance et des temps modernes au Musée du Louvre, professeur à l'École du Louvre, membre de la Commission des monuments historiques, avenue des Sycomores, 16 *bis* (xvie) (9 janvier 1907 — *Bouchot*).

11. Lauer (Philippe), conservateur adjoint du département des manuscrits de la Bibliothèque nationale, boulevard Jules-Sandeau, 25 (xvie) (5 décembre 1907 — *Beurlier*).

12. D'Allemagne (Henry), O. ✳, archiviste paléographe, rue des Mathurins, 30 (viiie) (1er avril 1908 — *Hauvette*).

13. Espinas (Georges), ✳, rédacteur au ministère des Affaires étrangères, boulevard Saint-Germain, 198 (viie) (1er mars 1911 — *de Vogüé*).

14. Prinet (Max), ✳, directeur à l'École pratique des Hautes-Études, membre du Comité des travaux historiques et scientifiques, à Versailles, rue d'Anjou, 10 (1er mai 1912 — *Schlumberger*).

15. Roy (Maurice), ✳, membre de l'Institut (Académie des inscriptions et belles-lettres), conseiller référendaire honoraire à la Cour des comptes, avenue Rapp, 20 (viie) (7 mai 1913 — *Gaidoz*).

16. Chapot (Victor), professeur à l'École des Beaux-Arts, conservateur à la Bibliothèque Sainte-Geneviève, chargé de conférences à l'École pratique des Hautes-Études, place du Panthéon, 8 (v^e) (4 février 1914 — Cte *de Lasteyrie*).

MM.

17. SERBAT (Louis), ✳, archiviste paléographe, rue de Cha-
teaubriand, 8 (viiie) (4 février 1914 — *de La Tour*).

18. MIROT (Léon), ✳, conservateur adjoint aux Archives
nationales, rue Cardinal-Mercier, 1 (ixe), et à Bièvre
(Seine-et-Oise) (6 février 1918 — *Valois*).

19. MARTROYE (François), boulevard Saint-Germain, 131
(vie) (6 février 1918 — *Côllignon*).

20. DIMIER (Louis), agrégé de l'Université, rue des Filles-
du-Calvaire, 17 (iiie) (5 juin 1918 — *Ravaisson-
Mollien*).

21. DIEUDONNÉ (Adolphe), conservateur du département
des médailles et antiques de la Bibliothèque nationale, à Suresnes, rue Worth, 14 (11 décembre 1918 —
Vte de Rougé).

22. DESHOULIÈRES (François), directeur adjoint de la Société
française d'archéologie, au château de l'Isle-sur-Arnon,
par Ids-Saint-Roch, Cher, et à Paris, rue de la Tour,
49 (xvie) (11 décembre 1918 — *Mgr Duchesne*).

23. FOURNIER (Paul), O. ✳, membre de l'Institut (Académie
des inscriptions et belles-lettres), membre du Comité
des travaux historiques et scientifiques, professeur à
la Faculté de droit de l'Université de Paris, avenue
de Breteuil, 71 (xve) (4 juin 1919 — *Bapst*).

24. LABORDE (le comte Alexandre DE), O. ✳, membre de
l'Institut (Académie des inscriptions et belles-lettres),
boulevard de Courcelles, 81 (viiie) (14 avril 1920 —
Homolle).

25. LOTH (Joseph), ✳, membre de l'Institut (Académie des
inscriptions et belles-lettres), professeur au Collège
de France, rue Lecourbe, 130 (xve) (14 avril 1920 —
Cte Durrieu).

26. AUBERT (Marcel), ✳, conservateur adjoint du département de la sculpture du Moyen âge, de la Renaissance et
des temps modernes au Musée du Louvre, membré du
Comité des travaux historiques et scientifiques et de
la Commission des monuments historiques, professeur

MM.

à l'École des chartes, directeur de la Société française
d'archéologie, cité Vaneau, 8 (viie) (1er juin 1921 —
Omont).

27. Formigé (Jules), ✳, architecte en chef des monuments
historiques, avenue de Tokio, 52 (xvie) (3 mai 1922 —
Bon de Baye).

28. Grand (Roger), sénateur du Morbihan, professeur à
l'École des chartes, rue de Fleurus, 21 (vi^e) (3 mai
1922 — *Cte Delaborde*).

29. Merlin (Alfred), ✳, membre de l'Institut (Académie des inscriptions et belles-lettres), conservateur
adjoint des antiquités grecques et romaines au Musée
du Louvre, directeur honoraire des antiquités et des
arts de la Régence de Tunis, membre de la Commission de l'Afrique du Nord, à Neuilly-sur-Seine, villa de
Villiers, 5 (8 novembre 1922 — *Martha*).

30. Demaison (Louis), correspondant de l'Institut (Académie des inscriptions et belles-lettres), archiviste honoraire de la ville de Reims, boulevard Raspail, 12 (viie)
(10 janvier 1923 — *Girard*).

31. Collinet (Paul), ✳, professeur à la Faculté de droit de
l'Université de Paris, rue Vavin, 26 (vi^e) (7 février
1923 — *Prou*).

32. Zeiller (Jacques), directeur à l'École pratique des
Hautes-Études, rue du Vieux-Colombier, 8 (vi^e) (12 décembre 1923 — *Tardif*).

33. Réau (Louis), ✳, rédacteur en chef de la *Gazette des
Beaux-Arts*, rue de la Faisanderie, 54 (xvie) (2 avril
1924 — *Cagnat*).

34. Deschamps (Paul), archiviste paléographe, conservateur
du Musée de sculpture comparée du Trocadéro, rue
Vaneau, 37 (viie) (5 novembre 1924 — *Roman*).

35. Carcopino (Jérôme), ✳, professeur à la Faculté des
lettres de l'Université de Paris, membre de la Commission de l'Afrique du Nord, rue Marie-Davy, 3 (xive)
(13 janvier 1926 — *Michon*).

MM.

36. Millet (Gabriel), ✹, membre de l'Institut (Académie
des inscriptions et belles-lettres), professeur au Collège
de France, directeur à l'École des Hautes-Études, rue
Hallé, 34 (xive) (5 mars 1924 — *Lafaye*).

37. Vallery-Radot (Jean), chef du service des archives
du secrétariat de la Société des Nations, à Genève,
rue de Lausanne, 111, et à Paris, avenue d'Eylau, 39
(xvie) (9 février 1927 — *Boinet*).

38. Labriolle (Pierre de Champagne de), professeur à la
Faculté des lettres de l'Université de Paris, à Ver-
sailles, avenue de Saint-Cloud, 77 (3 mai 1927 —
Enlart).

39. Huard (Georges), bibliothécaire à la Bibliothèque nationale, rue de Vaugirard, 48 (vi^e) (16 novembre 1927
— *Chénon*)

40. Babelon (Jean), conservateur adjoint du département
des médailles et antiques à la Bibliothèque nationale,
rue Rotrou, 2 (vi^e) (11 janvier 1928 — *Martin*).

41. Lantier (Raymond), conservateur adjoint du Musée des
Antiquités nationales de Saint-Germain-en-Laye, à
Saint-Germain-en-Laye, place Édouard Detaille, 28
(8 février 1928 — *Blanchet*).

42. Focillon (Henri), professeur à la Faculté des lettres
de l'Université de Paris, rue des Fossés-Saint-Jacques,
26 (v^e) (7 mars 1928 — *Monceaux*).

43. Verrier (Jean), ✹, archiviste paléographe, membre de
la Commission des monuments historiques, inspecteur
des Monuments historiques, rue Bonaparte, 29 (vi^e)
(1er mai 1929 — *Fage*).

44. Lefebvre des Noëttes (le commandant), ✹, à Bièvres
(Seine-et-Oise) (1er mai 1929 — *Mgr Batiffol*).

45. Samaran (Charles), archiviste paléographe, directeur à
l'École pratique des Hautes-Études, avenue Gourgaud,
8 (xviie) (8 janvier 1930 — *Stein*).

LISTE

DES ASSOCIÉS CORRESPONDANTS

NATIONAUX ET ÉTRANGERS

Au 10 Janvier 1930.

—

Associés correspondants nationaux[1].

Aisne.

MM.

Broche (Lucien), archiviste du département de l'Aisne, conservateur départemental des antiquités et objets d'art de l'Aisne, conservateur du Musée de la ville de Laon, à Laon, aux archives du département (5 janvier 1927).

Allier.

Lebrun (Eugène), au château de la Baume, au Veurdre, et à Paris, 32, place Saint-Georges (ixe) (5 juillet 1905).

Alpes (Hautes-).

* Manteyer (Georges Pinet de), ✻, archiviste du département des Hautes-Alpes, à Gap, et au château de Manteyer (7 juin 1899).

---

1. La Commission des impressions croit devoir rappeler qu'aux termes de l'art. 2 du règlement, la qualification d'*associé correspondant national* ou *étranger* est la seule qui puisse être prise par les personnes dont les noms suivent. La qualification de *membre de la Société des Antiquaires de France* est réservée aux 45 membres résidants et aux 10 membres honoraires.

L'astérisque désigne les associés correspondants qui ont racheté leurs cotisations annuelles, conformément à l'article 32 du règlement.

Alpes-Maritimes.

MM.

La Mazelière (le marquis de), à Nice, Carabacel, 33, et à Paris, rue Barbet-de-Jouy, 40 (viie) (7 juin 1900).—

Bensa (Thomas), directeur du Musée municipal des beaux-arts, à Nice, rue Georges-Ville, 9 (1er février 1911).

Levrot (Joseph), conservateur de la Bibliothèque et des Archives municipales, à Nice, rue Gioffredo, 60 (22 mai 1912).

Ardèche.

* Le Sourd (Auguste), à Saint-Maurice, par Baix, et à Versailles, rue des Réservoirs, 11 (6 avril 1910).

Ardennes.

Donau (le colonel Raymond), O. ✻, à Givet (6 décembre 1903).

Laurent (Paul), archiviste honoraire du département des Ardennes, à Mézières, avenue Saint-Julien, 19 (16 novembre 1927).

Ariège.

Bégouen (le comte), ✻, chargé de cours à l'Université de Toulouse, au château des Espas, à Montesquieu-Avantés, par Saint-Girons (3 juin 1914).

Aube.

La Boullaye (Ernest Arbeltier de), à Troyes, rue de la Monnaie, 38 (16 mai 1894).

*Tillet (Jules), architecte en chef des monuments historiques, à Nogent-sur-Seine, et à Paris, rue de Miromesnil, 70 (viiie) (1er juillet 1914).

Aude.

MM.

Poux (Joseph), ✳, archiviste départemental de l'Aude, à
Carcassonne, rue du Marché, 25 (2 juin 1926).

Bouches-du-Rhône.

* Rouvier (le Dr Jules), ✳, professeur honoraire à la Faculté de médecine d'Alger, à Marseille, rue des Bons-
Enfants, 15 (28 juillet 1897).

Clerc (Michel), ✳, correspondant de l'Institut (Académie
des inscriptions et belles-lettres), doyen honoraire
de la Faculté des lettres de l'Université d'Aix-Marseille, à Aix-en-Provence, place des Prêcheurs, 2
(7 décembre 1898).

Gérin-Ricard (Henry de), secrétaire perpétuel de la Société
de statistique de Marseille, à Marseille, rue Wulfran-
Puget, 33 (5 février 1902).

Arnaud d'Agnel (l'abbé G.), à Marseille, rue Monteaux, 10
(5 novembre 1902).

Colin (Jean), professeur au lycée d'Aix, à Aix-en-Provence, rue de la Couronne, 16 (6 mars 1918).

Cotte (Charles), notaire, à Aix-en-Provence, place des
Prêcheurs, 34 (1er décembre 1920).

* Jeanbernat Barthelemy de Ferrari Doria (Emmanuel),
docteur en droit, à Marseille, villa Doria, boulevard
Chave (5 novembre 1924).

Couissin (Paul), professeur à la Faculté des lettres, conservateur du Musée Borély, à Marseille (2 juin 1926).

Duprat (Eugène), professeur au lycée de Marseille, à Marseille, rue du Chêne, 5 (7 juillet 1926).

Chaillan (Mgr), ✳, curé de Septèmes, à Septèmes (20 octobre 1926).

Calvados.

* Rainaud (Armand), professeur à la Faculté des lettres
de l'Université de Caen, à Caen (27 février 1889).

BIBLIOTHÈQUE
N°
DE MELUN

MM.

Besnier (Maurice), correspondant de l'Institut (Académie des inscriptions et belles-lettres), professeur à la Faculté des lettres de l'Université de Caen, à Caen, rue Bicoquet, 62 (7 mars 1900).

* Sauvage (Norbert), archiviste départemental du Calvados, secrétaire de la Société des Antiquaires de Normandie, à Caen, rue des Carrières-Saint-Julien, 15 (3 mars 1926).

Lambert (Élie), maître de conférences à la Faculté des lettres de l'Université de Caen, à Caen, rue Élie de Beaumont, 2 *bis* (3 mars 1926).

Cher.

. Goy (Pierre de), au château d'Étrechy, par Dun-sur-Auron (2 avril 1884).

Saint-Venant (Julien Barré de), ✳, inspecteur des eaux et forêts en retraite, ancien président de la Société des Antiquaires du Centre, à Bourges, rue de la Petite-Armée, 1 (3 janvier 1900).

Bengy-Puyvallée (Maurice de), archiviste paléographe, à Bourges, rue Courtalon, 2 (place des Quatre-Piliers), et à Sainte-Solange (4 avril 1906).

* Bourbon (Henry), au château de Lestang, par Sancerre (5 décembre 1906).

Laugardière (l'abbé M. de), à Bourges, rue Mont-Cenoux (12 décembre 1923).

Gauchery (Robert), architecte des monuments historiques, à Bourges, avenue Eugène Brisson, 5 (3 mars 1926).

Corrèze.

Lasteyrie du Saillant (le comte Charles de), ✳, ancien ministre des Finances, député, au château de Grammont, par Brive, et à Paris, rue Bayard, 4 (viiie) (3 mars 1926).

Côte-d'Or.

MM.

Corot (Henry), membre non résidant du Comité des travaux historiques et scientifiques, à Savoisy (1er avril 1896).

Epery (le Dr René), à Dijon, place Grangier, 6 (1er décembre 1909).

Andrieu (le colonel), à Dijon, boulevard Thiers, 27 (2 mars 1927).

Côtes-du-Nord.

* Laurent (Jules), notaire, à Saint-Brieuc, rue du Chapitre, 7 (2 juillet 1924).

Raison du Cleuziou (Alain), à Saint-Brieuc, rue Vicairie, 12 (7 juillet 1926).

Frotier de la Messelière (le vicomte H.), à Saint-Brieuc, rue de Brest, 19 (7 juillet 1926).

Creuse.

Lacrocq (Louis), avocat, à Guéret (13 avril 1921).

Dordogne.

Fayolle (le marquis de), ✳, président de la Société historique et archéologique du Périgord, conservateur du Musée du Périgord, au château de Fayolle, par Tocane-Saint-Apre, et à Périgueux, rue du Plantier, 18 (3 juin 1885).

Cheylud (Émile), ✳, vice-président de la Société des sciences, lettres et arts de la Haute-Auvergne, membre fondateur de la Société d'histoire de la pharmacie, pharmacien, à La Roche-Chalais (23 février 1898).

Doubs.

Ebersolt (Jean), à Montbéliard, et à Paris, rue de la Tour, 135 (xvie) (6 mai 1914).

MM.

Coulon (Auguste), archiviste principal aux Archives nationales, ancien membre de l'École française de Rome,
à Besançon, rue de Pontarlier, 7, et à Paris, rue des
Marronniers, 15 (xvie) (14 avril 1926).

Lebreton (Félix), inspecteur des mines honoraires, à Paris,
rue de Monsieur, 21 (viie) (1er mai 1929).

Drôme.

Vallentin du Cheylard (Roger), à Montélimar, rue Corne-
Roche (4 juin 1890).

*Font-Réaulx (J. de), archiviste départemental de la
Drôme, à Valence, rue André-Lacroix, 12 (1er février
1922).

Eure.

Porée (le chanoine Adolphe), ✻, correspondant de l'Institut (Académie des inscriptions et belles-lettres), à
Évreux, rue du Dr Guindey, 15 (23 avril 1890).

*Coutil (Léon), aux Andelys (6 mars 1895).

*Michon (Louis-Marie), archiviste paléographe, biblio-
thécaire à la Bibliothèque Sainte-Geneviève, à Cour-
teilles-sur-Avre, par Verneuil, et à Paris, rue Barbet-
de-Jouy, 26 (viie) (1er mars 1922).

Leroy (J.), à Pont-Audemer, rue Jules-Ferry, 96 (6 juin
1923).

Eure-et-Loir.

Janssens (le comte Gaston de), au château de Romainville,
par Cloyes, et à Paris, rue Vineuse, 9 *bis* (xvie) (4 mai
1892).

Bonnard (L.), ✻, docteur en droit, membre de la Société
archéologique d'Eure-et-Loir, à Chartres, rue des
Grenets, 15, et à Paris, rue Édouard-Detaille, 8 (xviie)
(5 février 1908).

*Jusselin (Maurice), archiviste du département d'Eure-et-
Loir, à Chartres, rue d'Aligre, 4 (13 avril 1921).

Gard.

MM.

Marignan (Albert), à l'Ermitage, près Nîmes, et à Paris,
rue des Beaux-Arts, 5 (vi^e) (4 février 1891).

Bary (Albert de), ancien officier d'état-major, au château
de Rousson, par Salindres, et à Paris, avenue de la
Bourdonnais, 15 (viie) (5 avril 1911).

Garonne (Haute-).

Martin-Chabot (Eugène), archiviste aux Archives nationales, à Toulouse, rue Pargaminières, 11, et à Paris,
rue de Lille, 37 (viie) (9 janvier 1907).

Calmette (Joseph), professeur à la Faculté des lettres de
l'Université de Toulouse, à Toulouse, rue Bayard, 60
(5 mai 1926).

Gers.

Médan (l'abbé Léopold), professeur au collège d'Eauze, à
Eauze (14 avril 1926).

Gironde.

Jullian (Camille), C. ※, membre de l'Institut (Académies
française et des inscriptions et belles-lettres), professeur au Collège de France, membre du Comité des travaux historiques et scientifiques et de la Commission
des monuments historiques, à Bordeaux, rue Vital-
Carles, 14, et à Paris, rue du Luxembourg, 30 (vi^e)
(10 janvier 1894).

Rouquette (le D^r), ※, médecin principal de l'armée en
retraite, correspondant du Ministère, à Bordeaux, 23,
rue Sansas (6 décembre 1905).

Dufourcq (Albert), professeur à la Faculté des lettres de
l'Université de Bordeaux, à Bordeaux, et à Paris, rue
de Bellechasse, 31 (viie) (3 mars 1926).

Peyneau (le D^r), ※, maire de Mios, à Mios (5 mai 1926).

Hérault.

MM.

Cazalis de Fondouce (Paul), ingénieur civil, à Montpellier, rue des Étuves, 18 (12 juin 1878).

Bonnet (Émile), avocat à la cour d'appel, à Montpellier, rue du Faubourg-Saint-Jaumes, 11 (7 mai 1902).

Le Bars (Yvon), au château de Mercorent, près Béziers (1er décembre 1909).

Granier (le chanoine M.), vicaire général honoraire, curé de Saint-Denis, à Montpellier (1er avril 1914).

Ille-et-Vilaine.

*Joüon des Longrais, directeur à l'École pratique des Hautes-Études, avocat à la cour d'appel, au château de la Martinière, à Vézin-le-Coquet, et à Paris, rue de la Terrasse, 4 (xviie) (1er février 1922).

Halgoüet (le vicomte du), ✳, à Rennes, rue Trassard, 8, et à Paris, avenue de Ségur, 4 *bis* (viie) (5 avril 1922).

Indre.

Bosse (É.), à Châteauroux, rue Grande, 10 (1er décembre 1909).

La Véronne (Geoffroy de), au château du Bouchet, par Rosnay, et à Paris, rue de Grenelle, 121 *bis* (viie) (1er juin 1910).

Lapparent (le comte de), O. ✳, ancien officier supérieur d'artillerie, à Issoudun, et à Paris, rue du Bac, 86 (viie) (3 mars 1920).

Aude (André), à Benavent, et à Paris, rue de Rome, 35 (viiie) (5 avril 1922).

Indre-et-Loire.

Lainé (E.), notaire honoraire, à Chanceaux-sur-Choisille, et à Paris, rue de Grenelle, 9 (viie) (5 mai 1926).

MM.

Blacas (le comte L. de), au château d'Ussé, et à Paris,
avenue Bosquet, 12 *bis* (viie) (2 juin 1926).

Isère.

Villenoisy (François de), bibliothécaire honoraire au
département des médailles et antiques de la Bibliothèque nationale, à La Buisserate, près Grenoble
(1er juillet 1891).

Latouche (Robert), maître de conférences à la Faculté
des lettres de l'Université de Grenoble, à Grenoble,
avenue Félix-Viallet, 16 (7 juillet 1926).

Vassy (Albert), conservateur des archives et des musées
archéologique et historique de Vienne (7 juillet 1926).

*Faure (Maurice), à Vienne, quai du Rhône, 11 (3 no-
vembre 1926).

Durry (Marcel), professeur à la Faculté des lettres de
l'Université de Grenoble, à Grenoble, place Vaucanson, 2 (1er décembre 1926).

*Royer (Louis), archiviste paléographe, chargé de confé-
rences à l'Université de Grenoble, conservateur de la
bibliothèque de la ville, à Grenoble, place Vaucanson,
4 (1er décembre 1926).

Jura.

Guichard (l'abbé Alphonse), docteur en théologie, curé de
Grozon (6 février 1889).

Davillé (Camille), archiviste départemental du Jura, à
Lons-le-Saulnier, rue des Salines, 62, et à Arnaville
(Meurthe-et-Moselle) (3 mars 1926).

Landes.

Bouglon (le baron de), à La Bastide-d'Armagnac (1er juillet 1903).

Burguburu (Paul), ✻, conservateur du Musée Borda, à
Dax, avenue Gambetta, 27 (4 février 1925).

Loir-et-Cher.

MM.

* Plat (l'abbé Gabriel), à Vendôme (3 avril 1907).

* Marchéville (Louis de), au château de Lassay, par Romorantin, et à Paris, rue Meissonier, 4 (xviie) (3 décembre 1914).

* Bourbon (S. A. R. Mgr le prince Sixte de), au château de Chambord, et à Paris, rue de Varenne, 47 (viie) (2 février 1921).

* Lesueur (le D^r), conservateur du château de Blois, à Blois, rue Pierre de Blois, 7 (7 décembre 1921).

Loire.

Saint-Pulgent (A. de), à Montbrison (12 décembre 1900).

* Thiollier (Noël), notaire honoraire, à Saint-Étienne, rue du Général-Foy, 10 (1er juillet 1914):

* Brassart (Gabriel), à Montbrison, rue Tupinerie, 4 (11 juillet 1923).

Loire-Inférieure.

Aveneau de la Grancière, ancien président de la Société polymathique du Morbihan et conservateur du Musée archéologique de Vannes, correspondant du ministère de l'Instruction publique, au château de Treveday, par Guérande (5 février 1902).

Jeulin (Paul), docteur en droit, avocat stagiaire à la Cour d'appel de Paris, à Nantes, rue de Strasbourg, 1, et à Paris, avenue des Gobelins, 34 (xiiie) (5 janvier 1927).

Loiret.

* Banchereau (J.), ✳, à Orléans, quai Barentin, 6 (7 février 1912).

Harcourt (le comte Louis d'), ✳, au château de Pont-Chevron, par Ouzouer-sur-Trézée, et à Paris, avenue Bosquet, 9 (viie) (7 mai 1913).

* Soyer (Jacques), archiviste du département du Loiret, membre non résidant du Comité des travaux histo-

MM.

riques et scientifiques, ancien président de la Société archéologique et historique de l'Orléanais, rue d'Illiers, 28, à Orléans (10 janvier 1923).

La Martinière (Jules Machet de), archiviste honoraire du Morbihan, à Orléans, rue Saint-Pierre-Lentin, 1 (7 juillet 1926).

Jarry (Eugène), archiviste paléographe, à Orléans, place de l'Étape, 8 (3 novembre 1926).

Maine-et-Loire.

Urseau (le chanoine Charles), ✻, chanoine titulaire de la cathédrale d'Angers, à Angers (7 mars 1906).

Planchenault (René), archiviste paléographe, attaché à la section historique du Maroc, à Angers, boulevard du roi René, 23, et à Paris, rue Dutot, 7 (xve) (12 décembre 1923).

Manche.

Le Clerc (le Dr R.), président de la Société archéologique de la Manche, à Saint-Lô, rue du Château, 1 (14 avril 1926).

* Rostand (André), ✻, vice-secrétaire de la Société des Antiquaires de Normandie, conseiller général, au château de Flamanville (5 mai 1926).

* Delisle (Léopold), avocat, conseiller général, à Saint-Lô (5 mai 1926).

Marne.

Krafft (Hugues), ✻, au château de Toussicourt, par Hermonville, et à Paris, rue de Lubeck, 42 (xvie) (4 juillet 1906).

* Jovy (Ernest), président de la Société des sciences et arts de Vitry-le-François, à Vitry-le-François, rue de la Tour, 40, et à Paris, rue Casimir-Delavigne, 1 (5 mars 1919).

MM.

*Deneux (Henri), O. ✻, correspondant de l'Institut (Académie des beaux-arts), architecte des monuments historiques, à Reims, chantiers de la cathédrale (2 mai 1923).

Favret (l'abbé), aumônier de l'hôpital Auban-Moët, à Épernay (2 décembre 1925).

Marne (Haute-).

Montremy (François de), conservateur adjoint du Musée de Cluny, à Nomécourt, par Joinville, et à Paris, avenue Marceau, 38 (viiie) (5 juin 1911).

Perrot (Ernest), ✻, professeur à la Faculté de droit de l'Université de Paris, à Auberive, et à Paris, rue Denfert-Rochereau, 24 (ve) (14 avril 1926).

Meurthe-et-Moselle.

Perdrizet (Paul), professeur à la Faculté des lettres de l'Université de Strasbourg, à Nancy, avenue de la Garenne, 4 (6 mars 1901).

Goury (Georges), ancien conservateur du Musée lorrain, à Nancy, rue des Tiercelins, 5, et à Valence (Drôme), rue Thiers, 21 (3 mars 1909).

*Salin (Édouard), ingénieur civil des mines, maître de forges, château de Montaigu, à La Neuveville-les-Nancy (1er février 1922).

Marot (Pierre), archiviste départemental de Meurthe-et-Moselle, à Nancy, rue de la Monnaie, 1, et à Neufchâteau (Vosges), rue Neuve, 7 (3 mars 1926).

*Robert (É. Des), président de la Société d'archéologie lorraine et du Musée historique lorrain, à Nancy, rue de l'Hermite, 48 (16 novembre 1927).

Morbihan.

L'Estourbeillon (le marquis de), ✻, ancien député, à Vannes, place de l'Évêché, 5, et à Paris, rue du Vieux-Colombier, 4 (vie) (14 décembre 1887).

MM.

Merlet (René), archiviste honoraire d'Eure-et-Loir, à
Vannes, rue de Sity, 3 (7 mai 1902).

*Sageret (Émile), Kervihan, par Carnac (7 juillet 1926).

Marsille (Louis), docteur en droit, président de la Société
polymathique du Morbihan, à Vannes (5 janvier 1927).

Moselle.

Clément (Roger), docteur en droit, conservateur des
Musées et de la Bibliothèque de Metz, à Metz (1er juin
1921).

Maujean (Léon), professeur à l'École supérieure de Metz,
à Metz, route de Strasbourg, Metz-Plantières (5 mai
1926).

Linckenheld (Émile), docteur ès lettres, conservateur du
Musée de Sarrebourg, à Sarrebourg (6 juin 1928).

Nièvre.

* Faulquier (Bernard), archiviste paléographe, au château
de Montjoux, par Saint-Honoré, et à Paris, boulevard
Haussmann, 157 (viiie) (7 novembre 1900).

Lussier (René), maire de Varzy, conservateur du Musée municipal de Varzy, à Varzy, rue de La Charité, 18 (5 mars
1924).

Nord.

* Hénault (Maurice), archiviste et sous-bibliothécaire de la
ville de Valenciennes, à Valenciennes (11 décembre
1895).

Théry (Louis), avocat, à Lille, rue de Bourgogne, 39
(30 mars 1904).

Théodore (Émile), ✳, conservateur des Musées (Palais
des Beaux-Arts), à Lille, rue Solferino, 197 (6 décembre 1905).

' Leuridan (le chanoine Théodore), à Roubaix, rue Dammar-
tin, 14 (9 janvier 1907).

Bauchond (Maurice), docteur en droit, membre de la Com-

MM.

mission historique du département du Nord, à Valenciennes, place du Neuf-Bourg, 28 (3 avril 1907).

Oise.

Leblond (le Dr Victor), correspondant de l'Institut (Acadé-
mie des inscriptions et belles-lettres), président de la
Société académique de l'Oise, à Beauvais, rue des
Halles, 74 (6 mars 1907).

Parmentier (le D^r), à Clermont, rue des Fontaines, 22
(3 novembre 1926).

* Bébeux (Jean), archiviste du département de l'Oise, à
Beauvais, rue Jules-Ferry, 16 (1er décembre 1926).

Luppé (le marquis de), ✳, au château de Beaurepaire, par
Pont-Sainte-Maxence, et à Paris, rue Barbet-de-Jouy,
29 (viie) (1er décembre 1926).

* Tremblot (Jean), bibliothécaire à la Bibliothèque de l'Institut, La Fontaine-des-Vignes, à Rantigny, et à Paris,
rue d'Artois, 24 (viiie) (3 mai 1927).

Orne.

Tournoüer (Henri), archiviste paléographe, au château
de Saint-Hilaire-des-Noyers, par Nocé, et à Paris,
boulevard Raspail, 5 (viie) (5 mars 1913).

Boulanger (C.), ✳, ancien notaire, conservateur honoraire du Musée de Péronne, à Bagnoles-de-l'Orne
(9 janvier 1901).

Mesnil du Buisson (le comte du), ✳, au château de Cham-
paubert, par Exmes, et à Paris, rue de Varenne, 63
(viie) (13 janvier 1926).

Pas-de-Calais.

Rodière (Roger), à Montreuil-sur-Mer (5 novembre 1902).

* Drouet (Édouard), ingénieur aux mines de Liévin, à Liévin (1er avril 1908).

MM.

*Duquénoy (A.), membre de la Commission du Musée d'Arras, à Arras, rue Ernestale, 42 (5 mars 1924).

Proyart de Baillescourt (le comte R., de), à Wimereux, villa de l'Yser, rue des Dunes, et à Boulogne-sur-Seine, rue de Billancourt, 43 *bis* (6 juillet 1927).

Puy-de-Dôme.

Audollent (Auguste), ✳, correspondant de l'Institut (Académie des inscriptions et belles-lettres), doyen de la Faculté des lettres de l'Université, directeur du Musée municipal de Clermont-Ferrand, à Chamalières, manoir de Beaulieu (5 mars 1890).

*Charvilhat (le Dr G.), à Clermont-Ferrand, rue Blatin, 4 (6 janvier 1909).

Fournier (Pierre), archiviste départemental, à Clermont-Ferrand, rue Sainte-Claire, 22 (1er février 1922).

Bréhier (Louis), ✳, correspondant de l'Institut (Académie des inscriptions et belles-lettres), professeur à la Faculté des lettres de l'Université de Clermont, à Chamalières, avenue de Royat, 12 (3 février 1926).

Pyrénées-Orientales.

Carsalade du Pont (S. G. Mgr Jules de), ✳, évêque de Perpignan (10 juillet 1889).

Sarrète (l'abbé J.), correspondant du ministère de l'Instruction publique et de la Commission des monuments historiques, vice-président de la Société d'archéologie et d'histoire du Roussillon, à Perpignan, avenue du Maréchal-Joffre, 54 (4 février 1925).

Rhin (Bas-).

Walter (l'abbé Joseph), bibliothécaire-archiviste de la ville de Schlestadt (7 février 1923).

*Wickersheimer (le Dr Ernest), ✳, administrateur de la bibliothèque nationale et universitaire de Strasbourg, à Schiltigheim, rue du Barrage, 32 (14 avril 1926).

MM.

Schæffer (F.-A.), conservateur adjoint du Musée préhistorique de Strasbourg, à Strasbourg, rue de l'Université, 4 (2 juin 1926).

Grenier (Albert), professeur à l'Université de Strasbourg,
à Strasbourg, rue de Turenne, 4 (7 juillet 1926).

Gass (l'abbé), professeur au grand séminaire de Strasbourg, secrétaire de la Société des monuments historiques d'Alsace, à Strasbourg, rue des Frères, 2 (3 novembre 1926).

Gérold (Th.), professeur à l'Université de Strasbourg,
directeur de l'Institut de musicologie de la même Université (2 mars 1927).

Rhin (Haut-).

Werner (le Dr L.-G.), conservateur du Musée, à Mulhouse,
rue des Bonnes-Gens (5 mai 1926).

* Schlumberger (Camille), à Ribeauvillé, La Calandre
(2 juin 1926).

Mœder (Marcel), archiviste adjoint aux archives de la ville
de Mulhouse, à Mulhouse, rue Jean-Mieg, 1 (2 juin
1926).

Lévy (l'abbé J.), curé de Grussenheim, correspondant du
ministère de l'Instruction publique, à Grussenheim
(2 juin 1926).

Walter (Th.), maire de la ville de Rouffach, à Rouffach
(2 juin 1926).

Scherlin (Auguste), archiviste de la ville de Colmar, à
Colmar, place Saint-Joseph, 7 (7 juillet 1926).

* Kühlmann (A.-Eugène), à Colmar, rue Wilson, 18 (20 octobre 1926).

Rhône.

Buche (Joseph), professeur agrégé au lycée de Lyon
(Saint-Rambert), à Villeurbanne, rue de Lorraine, 8
(25 janvier 1899).

* Beyssac (Jean), à Lyon, quai de l'Archevêché, 15 (7 juin
1905).

MM.

Billiard (Raymond), à Charentay (7 décembre 1910).

Germain de Montauzan (Camille), professeur à la Faculté
des lettres de l'Université de Lyon, à Lyon, rue Fran-
klin, 57 (1er février 1911).

Varille (Matthieu), à Lyon, quai de Retz, 1 (6 juin 1923).

*Côte (Claudius), à Lyon, rue du Plat, 33 (6 avril 1927).

Saône (Haute-).

Griveaud (Martial), archiviste départemental de la Haute-
Saône, à Vesoul (14 avril 1926).

Ritter (Georges), archiviste aux Archives nationales, à
Gray, et à Paris, boulevard de Port-Royal, 50 (ve)
(14 avril 1926).

Girardot (Jean), correspondant de la Commission des
monuments historiques pour l'arrondissement de Lure,
Forges de Magny-Vernois (10 juillet 1929).

Saône-et-Loire.

Charmasse (Anatole de), correspondant de l'Institut (Académie des inscriptions et belles-lettres), à Autun
(14 mars 1866).

Boirot (Max), conservateur du Musée de Bourbon-Lancy,
à Bourbon-Lancy, et à Paris, rue Lamartine, 26 (ixe)
(2 juin 1909).

Virey (Jean), archiviste paléographe, à La Chevanière, par
Charnay (5 avril 1916).

Roy-Chevrier (J.), ✳, président de la Société d'histoire
et d'archéologie de Chalon-sur-Saône, à Chalon-sur-
Saône, rue de Thiard, 38 (4 janvier 1922).

*Leusse (le comte G. de), château d'Hurigny (7 novembre
1923).

*Armand-Calliat (Louis), correspondant de la Commission
des monuments historiques, Le Meix, Givry (7 mars
1928).

Sarthe.

MM.

Menjot d'Elbenne (le vicomte Samuel), à Couléon, par
La Chapelle-Saint-Rémy (17 juillet 1895).

Beauchesne (le marquis de), à La Roche-Talbot, par Sablé,
Sarthe, et à Paris, rue de Longchamp, 91 (xvie) (3 mars
1926).

Savoie (Haute-).

Buttin (Charles), Les Balmes, Rumilly (6 juillet 1904).

Seine.

Bordes (l'abbé Jean-Marie), à Paris, boulevard Raspail,
234 (xive) (4 mars 1885).

* Castellane (le comte Henri de), à Paris, rue Saint-Domi-
nique, 11 (viie) (4 mai 1898).

* Expert (Henry), ✲, bibliothécaire du Conservatoire national de musique, à Paris, rue du Dragon, 20 (vi^e)
(1er juin 1898).

Joubin (André), conservateur de la Bibliothèque d'art et
d'archéologie, rue Berryer, 11 (viiie) (6 mars 1901).

Kœchlin (Raymond), président du Conseil des Musées
nationaux et de la Société des Amis du Louvre, à Paris,
boulevard Saint-Germain, 14 (v^e) (4 décembre 1901).

Lemoisne (Paul-André), ✲, conservateur du département
des estampes de la Bibliothèque nationale, à Thiais, et
à Neuilly, villa Madrid, 7 (viie) (6 juillet 1904).

* Nocq (Henry), ✲, à Paris, quai Saint-Michel, 13 (v^e)
(1er mars 1905).

Chabrun (César), député de la Mayenne, docteur en droit,
à Paris, rue Vavin, 10 *bis* (vi^e) (10 janvier 1906).

Roche (Denis), à Paris, rue Servandoni, 20 (vi^e) (7 mars
1906).

* Langlois (l'abbé M.), bibliothécaire de l'Institut catholique de Paris, à Paris, boulevard Montparnasse, 150
(xive) (3 mai 1906).

MM.

* Jameson (Robert), ✹, à Paris, avenue Vélasquez, 6 (viiᵉ) (4 juillet 1906).

* Corbierre (l'abbé Auguste), à Paris, rue Coëtlogon, 7 (viᵉ) (3 juin 1908).

* Picard (Auguste), C. ✹, directeur honoraire de l'exploitation à la Compagnie des chemins de fer de l'Est, à Paris, rue de Maubeuge, 73 (xᵉ) (2 décembre 1908).

* Besnard (Charles-Henri), ✹, architecte en chef des Monuments historiques, rue de Bagneux, 16 (viᵉ) (6 avril 1910).

* Morin-Jean, à Paris, boulevard de Clichy, 33 bis (ixᵉ) (5 mars 1913).

* Gobillot (René), ✹, à Paris, rue Le Verrier, 3 (viᵉ) (4 mars 1914).

* Sayve (le marquis de), avenue d'Iéna, 46 (viiᵉ) (6 mai 1914).

Pelletier (Eugène), à Paris, avenue d'Eylau, 1 (xviᵉ) (2 avril 1919).

* Barbarin (Charles), conservateur honoraire à la Bibliothèque Sainte-Geneviève, à Paris, rue Vauquelin, 15 (vᵉ) (7 mai 1919).

David Le Suffleur (André), bibliothécaire au département des médailles et antiques de la Bibliothèque nationale, à Paris, rue Puvis-de-Chavannes, 10 (xviiᵉ) (3 décembre 1919).

Espezel (Pierre d'), bibliothécaire au département des médailles et antiques de la Bibliothèque nationale, à Paris, rue de la Boétie, 39 (viiiᵉ) (3 décembre 1919).

* Michel-Dansac (Robert), ✹, avocat à la Cour d'appel, à Paris, rue de Lisbonne, 20 (viiiᵉ) (11 février 1920).

Montesquiou (le comte Blaise de), à Paris, avenue Georges V, 46 (viiiᵉ) (3 mars 1920).

Fosseyeux (Marcel), à Paris, avenue du Maine, 189 (xivᵉ) (1ᵉʳ juin 1921).

* Demenais (Lucien), à Paris, boulevard Malesherbes, 188 (xviiᵉ) (1ᵉʳ février 1922).

Lotte (Maurice), architecte de la Préfecture de police, à Paris, rue de Constantinople, 10 (viiiᵉ) (1ᵉʳ mars 1922).

MM.

Péreire (Alfred), ✳, secrétaire général de la Société des
amis de la Bibliothèque nationale et des grandes bibliothèques de France, à Paris, rue du Faubourg-Saint-
Honoré, 35 (viiiᵉ) (1ᵉʳ mars 1922).

Boërio (le baron de), à Paris, boulevard des Batignolles,
76 (xviiᵉ) (10 janvier 1923).

Guelliot (le Dʳ Gustave), à Paris, rue Campagne-Pre-
mière, 31 (xivᵉ) (7 février 1923).

Constans (Léopold), professeur à la Faculté des lettres de
l'Université de Paris, à Paris, rue Saint-Ferdinand, 45
(xviiᵉ) (12 décembre 1923).

Noailles (Pierre), professeur à la Faculté de droit de
l'Université de Paris, à Paris, rue Guynemer, 14 (viᵉ)
(7 mai 1924).

Maunier (René), chargé de cours à la Faculté de droit de
l'Université de Paris, à Paris, avenue d'Orléans, 7
(xivᵉ) (4 mars 1925).

Meurgey (Jacques), ✳, archiviste paléographe, à Paris,
rue de Courcelles, 113 (xviiᵉ) (1ᵉʳ avril 1925).

*Rouchès (Gabriel), conservateur adjoint du département
des peintures au Musée du Louvre, à Paris, rue du Dragon, 3 (viᵉ) (4 novembre 1925).

Lefuel (Hector), à Paris, boulevard de Courcelles, 64
(xviiᵉ) (3 février 1926).

Lemaître (Henri), archiviste paléographe, à Sceaux, rue
du Lycée, 22, et à Paris, rue Guénégaud, 11 (viᵉ)
(3 mars 1926).

Boucher (François), ✳, conservateur adjoint du Musée Car-
navalet, à Paris, boulevard Henri IV, 1 (ivᵉ) (14 avril
1926).

Champion (Pierre), ✳, maire de Nogent-sur-Marne, à Nogent-sur-Marne (5 mai 1926).

Charbonneaux (Jean), conservateur adjoint au Musée du
Louvre (département des antiquités grecques et romaines), avenue du Maine, 6 (xvᵉ) (2 juin 1926).

Breuil (l'abbé), professeur à l'Institut de paléontologie

MM.

humaine, à Paris, avenue de la Motte-Piquet, 52 (xvᵉ)
(1ᵉʳ décembre 1926).

Perret (Louis), maître de conférences à l'Institut catholique, à Paris, rue Ordener, 185 (xviiiᵉ) (5 janvier 1927).

Fliniaux (André), chargé de cours à la Faculté de droit
de l'Université de Paris, à Paris, rue Corneille, 5 (viᵉ)
(9 février 1927).

Faral (Edmond), O. ✳, professeur au Collège de France, à
Paris, rue du Général-Foy, 28 (viiiᵉ) (7 mars 1928).

Outardel (Georges), secrétaire adjoint de la Société française d'archéologie, à Paris, boulevard Saint-Germain,
1 (vᵉ) (4 avril 1928).

Flipo (Vincent), ✳, bibliothécaire à la Bibliothèque de
l'Institut, à Paris, rue de l'Abbé-Grégoire, 39 (viᵉ)
(6 juin 1928).

* Lebel (Gustave), à Paris, avenue de Villiers, 81 (xviiᵉ)
(6 mars 1929).

Seine-et-Marne.

Héron de Villefosse (Étienne), ✳, à Chartronges, par la
Ferté-Gaucher, et à Paris, rue de l'Université, 29
(viiᵉ) (2 juin 1886).

Gassies (Georges), professeur de première au collège de
Meaux, vice-président de la Société littéraire et historique de la Brie, à Meaux, impasse Hattingais, 3,
rue de la Cordonnerie (5 février 1902).

* Mayeux (Albert), architecte diplômé du gouvernement,
à Lagny, et à Paris, rue Joubert, 39 (ixᵉ) (6 mai 1903).

Noirmont (le baron de), au château de Suisnes, et à Paris,
avenue Constant-Coquelin, 7 (viiᵉ) (3 mars 1920).

Héron de Villefosse (René), archiviste paléographe, à
Chartronges, par la Ferté-Gaucher, et à Paris, rue
Washington, 16 (viiiᵉ) (6 juillet 1921).

Hubert (Jean), archiviste départemental de Seine-et-
Marne, à Melun, rue de l'Est, 1, et à Châteauroux,
place de la Victoire, 12 (5 mai 1926).

Seine-et-Oise.

MM.

* Sorlin-Dorigny (Albert), La Tremblaye, Bois-d'Arcy (Seine-et-Oise) (1er juin 1881).

Martin-Sabon (Félix), ✳, ingénieur, à Ronquerolles, et à Paris, rue Mansart, 5 *bis* (ixe) (2 avril 1890).

Guiffrey (Jean), O. ✳, conservateur du département des peintures, des dessins et de la chalcographie au Musée du Louvre, à Saint-Cyr, villa Saint-Jean, et à Paris, boulevard Bonne-Nouvelle, 34 (x^e) (6 février 1901).

Gusman (Pierre), artiste peintre, à Grosrouvre, et à Paris, boulevard Edgar-Quinet, 22 (xive) (6 mars 1901).

* Rodocanachi (Emmanuel), O. ✳, membre de l'Institut (Académie des sciences morales et politiques), à Andilly, et à Paris, rue de Lisbonne, 54 (viiie) (11 mars 1903).

* Biver (Paul), au château de Villiers-le-Bâcle, par Gif, et à Paris, rue de Prony, 14 (xviie) (6 janvier 1909).

Lesort (André), ✳, archiviste en chef de la Seine et de la ville de Paris, membre du Comité des travaux historiques, à Versailles, rue du Hazard, 11 *quater* (5 avril 1909).

* Rhein (André), archiviste paléographe, à Versailles, rue Neuve, 11 (4 mai 1910).

Saint-Périer (le comte de Poilloue de), à Morigny, par Étampes (8 janvier 1913).

Courcel (Valentin Chodron de), à Montcourcel, par Athis-Mons, et à Paris, 4, avenue Frédéric-le-Play (viie) (5 février 1913).

La Roche-Guyon (le duc de), au château de la Roche-Guyon, et à Paris, boulevard des Invalides, 18 (viie) (7 juin 1916).

Boislisle (Jean de), archiviste paléographe, à Saint-Prix, et à Paris, avenue de Tourville, 1 (viie) (3 mars 1926).

Seine-Inférieure.

Prevost (Gustave), ancien magistrat, à Rouen, rue Chasselièvre, 52 (6 juin 1888).

MM.

Costa de Beauregard (le comte Olivier), au château de
Sainte-Foy, par Longueville (3 avril 1901).

Coutan (le Dr), à Rouen, rue d'Ernemont, 10 (14 décembre
1904).

* Bouclier (Albert), trésorier de la Société française de
numismatique, Les Haules, Étretat, et à Paris, avenue de Messine, 30 (viiie) (5 janvier 1910).

* Deglatigny (Louis), à Rouen, rue Blaise-Pascal, 29 (2 mai
1923).

* Chirol (Pierre), architecte diplômé, président de l'Académie des sciences, belles-lettres et arts de Rouen, à
Rouen, rue Thiers, 42 (5 mai 1926).

Quenedey (le commandant), O. ✳, ancien président de
l'Académie des sciences, belles-lettres et arts de
Rouen, président de la Société des amis des monuments rouennais, à Rouen, rue Thiers, 79 (20 octobre
1926).

Génestal (Robert), professeur à la Faculté de droit de
l'Université de Paris, directeur à l'École pratique des
Hautes-Études, à Paris, avenue Ernest-Reyer, 12 (xive)
(10 juillet 1929).

Sèvres (Deux-).

* Clouzot (Étienne), secrétaire général du Comité international de la Croix-Rouge, à Niort, et à Genève, pro-
menade du Pin, 1 (5 avril 1905).

Somme.

* Forts (Philippe Feugère des), ✳, archiviste paléographe,
au château d'Yonville, par Hallencourt (1er juin
1904).

Darche (Paul), la Bécassine, Le Crotoy (13 janvier 1926).

Tarn.

Andrieu (Jean), greffier du Tribunal civil, à Albi, rue du
Séminaire, 42 (5 novembre 1913).

Tarn-et-Garonne.

MM.

Bruston (Charles), ✳, doyen honoraire de la Faculté de
théologie protestante de l'Université de Toulouse, à
Montauban, rue de la Banque, 37 (7 mars 1894).

Var.

Roustan (Jules), architecte des monuments historiques,
conservateur des objets d'art du département du Var,
à Toulon, rue Dumont-d'Urville, 2 (6 février 1929).

Donnadieu (le D^r), à Saint-Aygulf, villa Mosella (1er juin
1927).

Vaucluse.

Sautel (l'abbé J.), correspondant du ministère de l'Instruction publique, à Avignon, rue Saint-Thomas-
d'Aquin, 6 (4 mai 1921).

* Benoît (Fernand), ancien membre de l'École française de
Rome, chargé du service de la presse à la résidence
générale du Maroc, La Queyrelle, par Montfavet (Vaucluse) (7 juillet 1926).

Vienne.

Chauvet (Gustave), ✳, ancien président de la Société
archéologique et historique de la Charente, à Poitiers,
rue du Jardin-des-Plantes, 30 (2 avril 1884).

Ginot (Émile), bibliothécaire-archiviste de la ville de Poitiers, à Poitiers, rue de la Tranchée, 16 (3 janvier
1900).

Aigrain (l'abbé), membre titulaire de la Société des Antiquaires de l'Ouest, maître de chapelle à Sainte-Rade-
gonde, à Poitiers, rue Cornet, 33 (7 mai 1919).

Vienne (Haute-).

Demartial (André), ✳, à Limoges, boulevard Louis-Blanc,
23 (7 février 1912).

Vosges.

MM.

Philippe (André), archiviste du département des Vosges, conservateur des archives de la ville d'Épinal et du Musée départemental des Vosges, à Épinal, place Lagarde (2 décembre 1925).

Fels (Étienne), archiviste paléographe, à Vécoux (5 décembre 1928).

Yonne.

*Villetard (l'abbé Henri), curé doyen de Seignelay (6 janvier 1902).

Truyon-Montalembert (le marquis de), au château de la Vieille-Ferté, par La Ferté-Loupière, et villa Saint-Christophe, à Villefranche-sur-Mer (Alpes-Maritimes) (1er février 1911).

Algérie, Tunisie et Maroc.

Delattre (le R. P. Alfred-Louis), O. ✳, des Pères Blancs, correspondant de l'Institut (Académie des inscriptions et belles-lettres), archiprêtre de la primatiale de Carthage, à Carthage (11 décembre 1895). . .

Poinssot (Louis), directeur du Service des arts et des antiquités de la régence de Tunis, à Tunis, et à Paris, rue Pierre-Nicole, 7 (ve) (1er mars 1899).

*Chatelain (Louis), chef du Service des antiquités du Maroc, membre de la Commission de l'Afrique du Nord, à Rabat, rue du Général-Humbert, et à Paris, rue Canebière, 8 (xiie) (1er décembre 1909).

Albertini (Eugène), directeur du service des antiquités de l'Algérie, à Alger, rue de Lyon, 36 (7 juillet 1926).

Associés correspondants nationaux résidant à l'étranger.

Lagrange (le R. P. Marie-Joseph), ✳, de l'Ordre des Frères Prêcheurs, correspondant de l'Institut (Académie des inscriptions et belles-lettres), à Jérusalem, au couvent de Saint-Étienne (6 mars 1895).

MM.

*Paris (Pierre), ✻, membre de l'Institut (Académie des inscriptions et belles-lettres), directeur de l'Institut hispanique de Madrid, à Madrid (23 février 1898).

Labande (Léon-Honoré), ✻, membre de l'Institut (Académie des inscriptions et belles-lettres), conservateur des archives et de la bibliothèque du Palais de Monaco, à Monaco, rue du Tribunal, 10 (6 janvier 1904).

Vielliard (Mlle J.), membre de l'École des Hautes-Études hispaniques de Madrid, à Barcelone, 37, rios Rosas, et à Paris, avenue de l'Observatoire, 36 (xive) (3 mars 1926).

Clément (S. G. Mgr), évêque de Monaco, à Monaco (5 janvier 1927).

Associés correspondants étrangers.

Belgique.

Cumont (Georges), avocat, à Saint-Gilles-lez-Bruxelles, rue de l'Aqueduc, 19 (6 avril 1887).

Soil de Moriamé (Eugène), ✻, membre de la Commission royale des monuments, président honoraire du tribunal de première instance, à Tournai, rue Royale, 45 (29 juillet 1896).

Destrée (Joseph), conservateur honoraire au Musée des antiquités, à Bruxelles, chaussée Saint-Pierre, 123 (20 avril 1898).

Gaspar (Camille), conservateur des manuscrits de la Bibliothèque royale de Belgique, à Bruxelles, rue du Trône, 31 (3 décembre 1902).

Cumont (Franz), voir p. 9.

Loë (le baron Alfred de), conservateur en chef adjoint honoraire des Musées royaux du Cinquantenaire, à Ostende, rue de Russie, 50 (7 février 1906).

Pirenne (Henri), voir p. 9.

Halkin (Léon), professeur d'histoire ancienne et d'archéo-

M.M.

logie romaine à l'Université de Liége, à Liége, boulevard de Laveleye, 59 (2 février 1921).

BORCHGRAVE D'ALTENA (le comte J. DE), attaché aux Musées
royaux du Cinquantenaire, à Bruxelles, rue d'Arlon,
90 (2 décembre 1925).

SAINTENOY (Paul), architecte, à Bruxelles, rue de l'Arbre
bénit, 123, et à Paris, avenue Pasteur, 5 (xvᵉ) (1ᵉʳ décembre 1926).

Danemark.

MACKEPRANG (M.), conservateur du Musée national de Copenhague, à Copenhague (2 juin 1926).

Espagne.

*PUIG Y CADAFALCH (J.), ✺, professeur d'histoire de l'ar-
chitecture, Institut d'Estudis catalans, correspondant
de l'Institut (Académie des inscriptions et belles-
lettres), à Barcelone (3 décembre 1919).

BERWICK et D'ALBE (le duc DE), voir p. 9.

États-Unis d'Amérique.

ROERICH (Nicolas DE), ancien directeur de la Société d'encouragement des arts de Russie, à New-York, Corona
Mundi, Riverside Drive, 310 (10 mars 1909).

ROSTOVTZEFF (Michel), voir p. 9.

*TYLER (Royal), à Paris, quai de Bourbon, 21 (ivᵉ) (7 juin
1922).

HASKINS (Ch.), O. ✺, associé étranger de l'Institut (Académie des inscriptions et belles-lettres), professeur à
l'Université de Harvard, Cambridge, Massachusetts
(5 mai 1926).

KINGSLEY PORTER (A.), Elmwood Cottage, Cambridge,
Massachusetts (5 mai 1926).

FRIEND (A.), assistant professor à l'Université de Princeton, New-Jersey (2 juin 1926).

MM.

* Cook (Walter), The Harvard Club, 27 West 44th Street, New-York (3 novembre 1926).

* Morey (Ch. R.), Department of Art and Archæology, Princeton University, à Princeton, New-Jersey (février 1927).

Lacombe (abbé), aux États-Unis et à Meudon (Seine-et-Oise), rue de la République, 18 (5 décembre 1928).

Grande-Bretagne et Irlande.

Evans (Sir Arthur John), correspondant de l'Institut (Académie des inscriptions et belles-lettres), membre de la Société des Antiquaires de Londres, conservateur de l'Ashmolean Museum à Oxford, à Youlbury Berks, près Oxford (8 avril 1891).

* Headlam (the Right Rev. Arthur C.), évêque de Gloucester, the Palace, Gloucester (5 février 1896).

* Thompson (Henry Yates), O. ✳, à Londres W., Portman Square, 19 (3 janvier 1900).

Seltman (E. J.), à Kinghoe, Great Berkhamstead, Herts (3 juillet 1901).

Bilson (John), voir p. 9.

* Barnard (Francis Pierpont), membre de la Société des Antiquaires de Londres, professeur d'archéologie médiévale à l'Université de Liverpool, Bilsby House, near Alford, Lincolnshire (7 novembre 1917).

Balleine (Arthur Edwin), le Presbytère, St. Brelade, île de Jersey (2 mai 1923).

Evans (miss Joan), à Londres, Kensington Park Gardens, 9 (6 juin 1923).

Dalton (O. M.), voir p. 9.

* Chester Beatty (A.), à Londres, Baroda House, Kensington Palace Gardens, 24 (2 juin 1926).

* Macalister (R.), professeur à l'Université nationale d'Irlande, président de l'Académie royale irlandaise, Donnybrook, Co. Dublin, Mount Eden Road, 18 (3 novembre 1926).

MM.

Fleure (H. J.), professeur à l'University of Wales, Aberystwyth (Wales) (1er décembre 1926).

*Caroë (W. D.), de la Société des Antiquaires de Londres, Humbledon, Surrey (1er décembre 1926).

Lovegrove (E. W.), de la Société des Antiquaires de Londres, de l'Académie royale irlandaise, à Ruthin, Ruthin School (1er décembre 1926).

Brindley (H. H.), professeur à l'Université de Cambridge, à Cambridge, Madingley Road, 25 (5 janvier 1927).

Italie.

*Lazzaroni (le baron), à Rome, et à Paris, rue Spontini, 16 (xvie) (3 décembre 1902).

Cantarelli (le professeur Luigi), voir p. 9.

Pays-Bas.

*Gallois (Henri-C.), conservateur adjoint du Musée de la ville de La Haye, à La Haye, Korte Vijverberg, 7 (5 avril 1922).

*Bijwanck (A. W.), professeur à l'Université de Leyde, à Leyde, Witte Singel (7 juillet 1926).

Portugal.

Figueiredo (J. de), voir p. 9.

Russie.

*Goloubew (Victor de), ✳, à Hanoï, École française d'Extrême-Orient (3 juin 1908).

Roerich (Nicolas de), voir p. 41 (*États-Unis d'Amérique*).

Baschmakoff (Alexandre), ancien directeur du *Moniteur* de l'Empire à Saint-Pétersbourg, bibliothécaire de l'Institut de paléontologie humaine, à Paris, rue René-Panhard, 1 (xiiie) (6 juillet 1927).

Suède.

Roosval (Johnny), professeur à l'Université de Stock-

MM.

holm, à Stockholm, Djurgården, villa Alnäs (4 février
1914).

* Walberg (Emmanuel), professeur à l'Université de Lund,
à Lund (5 mai 1926).

Suisse.

* Naëf (Albert), architecte, inspecteur général des monuments historiques de la Suisse, Haute-Combe, avenue
Ruchonnet, à Lausanne (Vaud) (16 novembre 1892).

Vogt (l'abbé Albert), curé de Notre-Dame, à Genève
(20 décembre 1905).

* Mandach (Conrad de), conservateur au Musée des beaux-
arts de Berne, à Habstetten, près Berne (1er juillet 1903).

Besson (S. G. Mgr), évêque de Fribourg, Lausanne et Genève, à Fribourg (3 mars 1909).

* Gruaz (Julien), conservateur du cabinet numismatique
adjoint au Musée historique vaudois, à Lausanne,
8, avenue d'Ouchy (6 décembre 1916).

* Deonna (Waldemar), professeur à l'Université de Genève, directeur du Musée d'art et d'histoire de Genève, chemin de la Gradelle, Chêne, par Genève (3 décembre 1919).

* Montandon (Raoul), président de la Société de géographie de Genève et de la fédération genevoise des Sociétés savantes, à Genève, square de Contamines, 11
(avril 1927).

Yougo-Slavie.

Bulić (Mgr), voir p. 9.

LISTE ALPHABÉTIQUE

DES ASSOCIÉS CORRESPONDANTS NATIONAUX

ET ÉTRANGERS

Au 10 Janvier 1930.

———

MM.

AIGRAIN (l'abbé), Vienne.
ALBE (le duc d'), Espagne.
ALBERTINI (Eugène), Algérie.
ANDRIEU (Jean), Tarn.
ANDRIEU (le colonel), Côte-d'Or.
ARMAND-CALLIAT (Louis), Saône-et-Loire.
ARNAUD D'AGNEL (l'abbé G.), Bouches-du-Rhône.
AUDE (André), Indre.
AUDOLLENT (Auguste), Puy-de-Dôme.
AVENEAU DE LA GRANCIÈRE, Loire-Inférieure.

BALLEINE (Arthur Edwin), Grande-Bretagne.
BANCHEREAU (Jules), Loiret.
BARBARIN (Charles), Seine.
BARNARD (Pierpont Francis), Grande-Bretagne.
BARY (Albert DE), Gard.
BASCHMAKOFF (Alexandre), Russie.
BAUCHOND (Maurice), Nord.
BEAUCHESNE (le marquis DE), Sarthe.
BÉGOUEN (le comte), Ariège.
BENGY-PUYVALLÉE (Maurice DE), Cher.
BENOÎT (Fernand), Vaucluse.

MM.

Bensa (Thomas), Alpes-Maritimes.
Béreux (Jean), Oise.
Besnard (Charles-Henri), Seine.
Besnier (Maurice), Calvados.
Besson (S. G. Mgr), Suisse.
Beyssac (Jean), Rhône.
Bijwanck (A. W.), Pays-Bas.
Billiard (Raymond), Rhône.
Bilson (John), Grande-Bretagne.
Biver (Paul), Seine-et-Oise.
Blacas (le comte L. de), Indre-et-Loire.
Boërio (le baron de), Seine.
Boirot (Max), Saône-et-Loire.
Boislisle (Jean de), Seine-et-Oise.
Bonnard (L.), Eure-et-Loir.
Bonnet (Émile), Hérault.
Bordes (l'abbé), Seine.
Bosse (E.), Indre.
Boucher (François), Seine.
Bouclier (Albert), Seine-Inférieure.
Bouglon (le baron de), Landes.
Boulanger (C.), Orne.
Bourbon (S. A. R. Mgr le prince Sixte de), Loir-et-Cher.
Bourbon (Henry), Cher.
Brassart (Gabriel), Loire.
Bréhier (Louis), Puy-de-Dôme.
Breuil (l'abbé), Seine.
Brindley (H.), Grande-Bretagne.
Broche (Lucien), Aisne.
Bruston (Charles), Tarn-et-Garonne.
Buche (Joseph), Rhône.
Bulíc (Mgr), Yougo-Slavie.
Burguburu (Paul), Landes.
Buttin (Charles), Haute-Savoie.

Calmette (Joseph), Haute-Garonne.
Cantarelli (Luigi), Italie.

MM.

Caroë (W. D.), Grande-Bretagne.

Carsalade du Pont (S. G. Mgr Jules de), Pyrénées-Orientales.

Castellane (le comte Henri de), Seine.

Cazalis de Fondouce (Paul), Hérault.

Chabrun (César), Seine.

Chaillan (Mgr), Bouches-du-Rhône.

Champion (Pierre), Seine.

Charbonneaux (Jean), Seine.

Charmasse (Anatole de), Saône-et-Loire.

Charvilhat (le Dr G.), Puy-de-Dôme.

Chatelain (Louis), Maroc.

Chauvet (Gustave), Vienne.

Chester Beatty (A.), Grande-Bretagne.

Cheylud (Émile), Dordogne.

Chirol (Pierre), Seine-Inférieure.

Clément (S. G. Mgr), principauté de Monaco.

Clément (Roger), Moselle.

Clerc (Michel), Bouches-du-Rhône.

Clouzot (Étienne), Deux-Sèvres.

Colin (Jean), Bouches-du-Rhône.

Constans (Léopold), Seine.

Cook (Walter), Etats-Unis.

Corbierre (l'abbé Auguste), Seine.

Corot (Henry), Côte-d'Or.

Costa de Beauregard (le comte Olivier), Seine-Inférieure.

Côte (Claudius), Rhône.

Cotte (Charles), Bouches-du-Rhône.

Couissin (Paul), Bouches-du-Rhône.

Coulon (Auguste), Doubs.

Courcel (Valentin Chodron de), Seine-et-Oise.

Coutan (le Dr), Seine-Inférieure.

Coutil (Léon), Eure.

Cumont (Franz), Belgique.

Cumont (Georges), Belgique.

MM.

Dalton (O. M.), Angleterre.
Darche (Paul), Somme.
David Le Suffleur (André), Seine.
Davillé (Camille), Jura.
De Borchgrave d'Altena (le comte de), Belgique.
Deglatigny (L.), Seine-Inférieure.
Delattre (le R. P. Alfred-Louis), Tunisie.
Delisle (Léopold), Manche.
Demartial (André), Haute-Vienne.
Demenais (Lucien), Seine.
Deneux (Henri), Marne.
Deonna (Waldemar), Suisse.
Destrée (Joseph), Belgique.
Donau (le colonel R.), Ardennes.
Donnadieu (le D^r), Var.
Drouet (Édouard), Pas-de-Calais.
Dufourcq (Albert), Gironde.
Duprat (Eugène), Bouches-du-Rhône.
Duquénoy (A.), Pas-de-Calais.
Durry (Marcel), Isère.

Ebersolt (Jean), Doubs.
Epery (le Dr René), Côte-d'Or.
Espezel (Pierre d'), Seine.
Evans (Sir Arthur John), Grande-Bretagne.
Evans (Miss Joan), Grande-Bretagne.
Expert (Henry), Seine.

Faral (Edmond), Seine.
Faulquier (Bernard), Nièvre.
Faure (Maurice), Isère.
Favret (l'abbé), Marne.
Fayolle (le marquis de), Dordogne.
Fels (Étienne), Vosges.
Figueiredo (Josè de), Portugal.
Fleure (H. J.), Grande-Bretagne.
Fliniaux (André), Seine.

MM.

Flipp (Vincent), Seine.
Font-Réaulx (J. de), Drôme.
Forts (Philippe Feugère des), Somme.
Fosseyeux (Marcel), Seine.
Fournier (Pierre), Puy-de-Dôme.
Friend (A.), États-Unis.
Frotier de la Messelière (le vicomte), Côtes-du-Nord.

Gallois (Henri), Pays-Bas.
Gaspar (Camille), Belgique.
Gass (l'abbé), Bas-Rhin.
Gassies (Georges), Seine-et-Marne.
Gauchery (Robert), Cher.
Génestal (Robert), Seine-Inférieure.
Gérin-Ricard (Henry de), Bouches-du-Rhône.
Germain de Montauzan (Camille), Rhône.
Gérold (Th.), Bas-Rhin.
Ginot (Émile), Vienne.
Girardot (Jean), Haute-Saône.
Gobillot (René), Seine.
Goloubew (Victor de), Russie.
Goury (Georges), Meurthe-et-Moselle.
Goy (Pierre de), Cher.
Granier (le chanoine M.), Hérault.
Grenier (Albert), Bas-Rhin.
Griveaud (Martial), Haute-Saône.
Gruaz (Julien), Suisse.
Guelliot (le Dr Octave), Seine.
Guichard (l'abbé Alphonse), Jura.
Guiffrey (Jean), Seine-et-Oise.
Gusman (Pierre), Seine-et-Oise.

Halgoüet (le vicomte du), Ille-et-Vilaine.
Halkin (Léon), Belgique.
Harcourt (le comte Louis d'), Loiret.
Haskins (Ch.-H.), États-Unis.

BIBLIOTHÈQUE
N°
DE MELUN

MM.

Headlam (the Right Rev. Arthur C.), Grande-Bretagne.
Hénault (Maurice), Nord.
Héron de Villefosse (Étienne), Seine-et-Marne.
Héron de Villefosse (René), Seine-et-Marne.
Hubert (Jean), Seine-et-Marne.

Jameson (Robert), Seine.
Janssens (le comte Gaston de), Eure-et-Loir.
Jarry (Eugène), Loiret.
Jeanbernat Barthelemy de Ferrari Doria (Emmanuel),
    Bouches-du-Rhône.
Jeulin (Paul), Loire-Inférieure.
Joubin (André), Seine.
Joüon des Longrais, Ille-et-Vilaine.
Jovy (Ernest), Marne.
Jullian (Camille), Gironde.
Jusselin (Maurice), Eure-et-Loir.

Kingsley Porter (A.), États-Unis.
Koechlin (Raymond), Seine.
Krafft (Hugues), Marne.
Kühlmann (A.-E.), Haut-Rhin.

Labande (L.-H.), Principauté de Monaco.
La Boullaye (Ernest Arbeltier de), Aube.
Lacombe (abbé), Etats-Unis.
Lacrocq (Louis), Creuse.
Lagrange (le R. P. Marie-Joseph), Palestine.
Lainé (E.), Indre-et-Loire.
La Martinière (Jules Machet de), Loiret.
La Mazelière (le marquis de), Alpes-Maritimes.
Lambert (Élie), Calvados.
Langlois (l'abbé M.), Seine.
Lapparent (le comte de), Indre.
La Roche-Guyon (le duc de), Seine-et-Oise.
Lasteyrie du Saillant (le comte Charles de), Corrèze.
Latouche (Robert), Isère.

MM.

Laugardière (l'abbé de), Cher.
Laurent (Jules), Côtes-du-Nord.
Laurent (Paul), Ardennes.
La Véronne (G. de), Indre.
Lazzaroni (le baron), Italie.
Le Bars (Yvon), Hérault.
Lebel (Gustave), Seine.
Leblond (le Dr Victor), Oise.
Lebreton (Félix), Doubs.
Lebrun (Eugène), Allier.
Le Clerc (le Dr R.), Manche.
Lefebvre des Noëttes (le commandant), Seine-et-Oise.
Lefuel (Hector), Seine.
Legrand (Maxime), Seine-et-Oise.
Lemaître (Henri), Seine.
Lemoisne (Paul-André), Seine.
Leroy (J.), Eure.
Lesort (André), Seine-et-Oise.
Le Sourd (Auguste), Ardèche.
L'Estourbeillon (le marquis de), Morbihan.
Lesueur (le Dr), Loir-et-Cher.
Leuridan (le chanoine Théodore), Nord.
Leusse (le comte G. de), Saône-et-Loire.
Levrot (Joseph), Alpes-Maritimes.
Lévy (l'abbé J.), Haut-Rhin.
Linckenheldt (Émile), Moselle.
Loë (le baron Alfred de), Belgique.
Lorin (Félix), Seine-et-Oise.
Lotte (Maurice), Seine.
Lovegrove (E. W.), Grande-Bretagne.
Luppé (le marquis de), Oise.
Lussier (René), Nièvre.

Macalister (R.), Irlande.
Mackeprang (M.), Danemark.
Mandach (Conrad de), Suisse.
Manteyer (Georges Pinet de), Hautes-Alpes.

MM.

Marchéville (Louis de), Loir-et-Cher.
Marignan (Albert), Gard.
Marot (Pierre), Meurthe-et-Moselle.
Marsille (Louis), Morbihan.
Martin-Chabot (Eugène), Haute-Garonne.
Martin-Sabon (Félix), Seine-et-Oise.
Maujean (Léon), Moselle.
Maunier (René), Seine.
Mayeux (Albert), Seine-et-Marne.
Médan (l'abbé L.), Gers.
Menjot d'Elbenne (le vicomte Samuel), Sarthe.
Merlet (René), Morbihan.
Mesnil du Buisson (le comte du), Orne.
Meurgey (Jacques), Seine.
Michel-Dansac (Robert), Seine.
Michon (Louis-Marie), Eure.
Mœder (Marcel), Haut-Rhin.
Montandon (Raoul), Suisse.
Montesquiou (le comte B. de), Seine.
Montremy (François de), Haute-Marne.
Morey (Ch. R.), États-Unis.
Morin-Jean, Seine.

Naëf (Albert), Suisse.
Nocq (Henry), Seine.
Noailles (Pierre), Seine.
Noirmont (le baron de), Seine-et-Marne.

Outardel (Georges), Seine.

Paris (Pierre), Espagne.
Parmentier (le Dr), Oise.
Pelletier (Eugène), Seine.
Perdrizet (Paul), Meurthe-et-Moselle.
Péreire (Alfred), Seine.
Perret (Louis), Seine.
Perrot (Ernest), Haute-Marne.

MM.

Peyneau (le Dr), Gironde.
Philippe (André), Vosges.
Picard (Auguste), Seine.
Pirenne (Henri), Belgique.
Planchenault (René), Maine-et-Loire.
Plat (l'abbé Gabriel), Loir-et-Cher.
Poinssot (Louis), Tunisie.
Porée (le chanoine Adolphe), Eure.
Poux (Joseph), Aude.
Prevost (Gustave), Seine-Inférieure.
Proyart de Baillescourt (le comte R. de), Pas-de-
   Calais.
Puig y Cadafalch (J.), Espagne.

Quenedey (le commandant), Seine-Inférieure.

Rainaud (Armand), Calvados.
Raison du Cleuziou (Alain), Côtes-du-Nord.
Rhein (André), Seine-et-Oise.
Ritter (Georges), Haute-Saône.
Robert (É. Des), Meurthe-et-Moselle.
Roche (Denis), Seine.
Rodière (Roger), Pas-de-Calais.
Rodocanachi (Emmanuel), Seine-et-Oise.
Roerich (Nicolas de), États-Unis.
Roosval (Johnny), Suède.
Rostand (André), Manche.
Rostovtzeff (Michel), États-Unis.
Rouchès (Gabriel), Seine.
Rouquette (le Dr), Gironde.
Roustan (Jules), Var.
Rouvier (le Dr Jules), Bouches-du-Rhône.
Roy-Chevrier (J.), Saône-et-Loire.
Royer (Louis), Isère.

Sageret (Émile), Morbihan.
Saint-Périer (le comte de Poilloue de), Seine-et-Oise.

MM.

Saint-Pulgent (A. de), Loire.
Saint-Venant (Julien Barré de), Cher.
Salin (Édouard), Meurthe-et-Moselle.
Sarrète (l'abbé J.), Pyrénées-Orientales.
Sautel (l'abbé J.), Vaucluse.
Sauvage (Norbert), Calvados.
Sayve (le marquis de), Seine.
Schæffer (F. A.), Bas-Rhin.
Scherlin (Auguste), Haut-Rhin.
Schlumberger (Camille), Haut-Rhin.
Seltman (E. J.), Grande-Bretagne.
Soil de Moriamé (Eugène), Belgique.
Sorlin-Dorigny (Albert), Seine-et-Oise.
Soyer (Jacques), Loiret.

Théodore (Émile), Nord.
Théry (Louis), Nord.
Thiollier (Noël), Loire.
Thompson (H. Yates), Grande-Bretagne.
Tillet (Jules), Aube.
Tournoüer (Henri), Orne.
Tremblot (J.), Oise.
Tryon-Montalembert (le marquis de), Yonne.
Tyler (Royal), États-Unis.

Urseau (le chanoine Charles), Maine-et-Loire.

Vallentin du Cheylard (Roger), Drôme.
Varille (Mathieu), Rhône.
Vassy (Albert), Isère.
Vielliard (Mlle Jeanne), Espagne.
Villenoisy (François de), Isère.
Villetard (l'abbé Henri), Yonne.
Virey (Jean), Saône-et-Loire.
Vogt (l'abbé Albert), Suisse.

MM.

WALBERG (Emmanuel), Suède.
WALTER (l'abbé J.), Bas-Rhin.
WALTER (Th.), Haut-Rhin.
WERNER (le Dr L.-G.), Haut-Rhin.
WICKERSHEIMER (le Dr Ernest), Bas-Rhin.

LISTE

DES SOCIÉTÉS SAVANTES

avec lesquelles la Compagnie est en correspondance.

Sociétés françaises.

Institut national de France. Académie des inscriptions et belles-lettres.

—

Ain, *Bourg*. Société d'émulation.
Aisne, *Saint-Quentin*. Société académique.
— *Soissons*. Société archéologique, historique et scientifique.
Allier, *Moulins*. Société d'émulation du Bourbonnais.
Alpes (Hautes-), *Gap*. Société d'études historiques des Hautes-Alpes.
Alpes-Maritimes, *Nice*. Nice historique.
— — Société des lettres, sciences et arts.
Aube, *Troyes*. Société académique de l'Aube.
Aveyron, *Rodez*. Société des lettres, sciences et arts.
Bouches-du-Rhône, *Aix*. Académie des sciences, agriculture, arts et belles-lettres.
— — Facultés de droit et des lettres.
— *Marseille*. Société archéologique de Provence.
Calvados, *Caen*. Académie des sciences, arts et belles-lettres.
— — Société des Antiquaires de Normandie.
— *Bayeux*. Société des sciences, arts et belles-lettres.

CANTAL, *Aurillac*. Société des lettres, sciences et arts de la Haute-Auvergne.

CHARENTE, *Angoulême*. Société archéologique et historique de la Charente.

CHARENTE-INFÉRIEURE, *Saintes*. Commission des arts et monuments historiques de la Charente-Inférieure.

— — Société des Archives historiques de la Saintonge et de l'Aunis.

CHER, *Bourges*. Société des Antiquaires du Centre.

— — Société historique du Cher.

CORRÈZE, *Brive*. Société scientifique, historique et archéologique de la Corrèze.

CÔTE-D'OR, *Dijon*. Académie de Dijon.

— — Commission des antiquités de la Côte-d'Or.

— *Beaune*. Société d'histoire, d'archéologie et de littérature.

— *Châtillon-sur-Seine*. Société archéologique et historique du Châtillonnais.

— *Semur*. Société des sciences historiques et naturelles.

CÔTES-DU-NORD, *Saint-Brieuc*. Société d'émulation des Côtes-du-Nord.

CREUSE, *Guéret*. Société des sciences naturelles et archéologiques de la Creuse.

DORDOGNE, *Périgueux*. Société historique et archéologique du Périgord.

DOUBS, *Besançon*. Académie des sciences, belles-lettres et arts.

— — Société d'émulation du Doubs.

— *Montbéliard*. Société d'émulation.

DRÔME, *Valence*. Société départementale d'archéologie et de statistique.

EURE, *Évreux*. Société libre d'agriculture, sciences, arts et belles-lettres de l'Eure.

Eure-et-Loir, *Chartres*. Société archéologique d'Eure-et-Loir.

— *Châteaudun*. Société dunoise.

Finistère, *Brest*. Société académique.

Gard, *Nîmes*. Académie de Nîmes.

— *Alais*. Société scientifique et littéraire.

Garonne (Haute-), *Toulouse*. Académie des sciences, inscriptions et belles-lettres.

— — Faculté des lettres.

— — Société archéologique du midi de la France.

Gironde, *Bordeaux*. Académie nationale des sciences, belles-lettres et arts.

— — Société archéologique de la Gironde.

Hérault, *Montpellier*. Académie des sciences et lettres.

— — Société archéologique.

— *Béziers*. Société archéologique.

Ille-et-Vilaine, *Rennes*. Société archéologique d'Ille-et-Vilaine.

Indre-et-Loire, *Tours*. Société archéologique de Touraine.

Isère, *Grenoble*. Académie delphinale.

— — Société de statistique, des sciences naturelles et arts du département.

Jura, *Lons-le-Saulnier*. Société d'émulation.

Landes, *Dax*. Société de Borda.

Loir-et-Cher, *Blois*. Société des sciences et lettres de Loir-et-Cher.

— *Vendôme*. Société archéologique du Vendômois.

Loire, *Montbrison*. La Diana, société historique et archéologique du Forez.

Loire (Haute-), *Le Puy*. Société d'agriculture, sciences, arts et commerce.

Loire-Inférieure, *Nantes*. Société archéologique.

Loiret, *Orléans*. Société archéologique de l'Orléanais.

— — Société d'agriculture, sciences, belles-lettres et arts d'Orléans.

Lozère, *Mende*. Société d'agriculture, sciences et arts.

Maine-et-Loire, *Angers*. Société nationale d'agriculture, sciences et arts.

Marne, *Châlons-sur-Marne*. Société d'agriculture, commerce, sciences et arts de la Marne.

— *Chaumont*. Société d'histoire, d'archéologie et des beaux-arts.

— *Reims*. Académie de Reims.

— *Vitry-le-François*. Société des sciences et arts.

Marne (Haute-), *Langres*. Société historique et archéologique.

Meurthe-et-Moselle, *Nancy*. Académie Stanislas.

— — Société d'archéologie lorraine.

Meuse, *Bar-le-Duc*. Société des lettres, sciences et arts.

— *Verdun*. Société philomathique.

Morbihan, *Vannes*. Société polymathique du Morbihan.

Moselle, *Metz*. Académie de Metz.

— — Société d'histoire et d'archéologie de la Lorraine.

Nord, *Lille*. Société des sciences, de l'agriculture et des arts.

— *Avesnes*. Société archéologique.

— *Bavai*. *Pro Nervia*, revue historique et archéologique du pays des Nerviens.

— *Cambrai*. Société d'émulation.

— *Douai*. Société centrale d'agriculture, sciences et arts.

— *Dunkerque*. Société dunkerquoise pour l'encouragement des sciences, des lettres et des arts.

— *Roubaix*. Société d'émulation.

Oise, *Beauvais*. Société académique d'archéologie, sciences et arts de l'Oise.

— *Compiègne*. Société historique.

— *Noyon*. Comité archéologique, historique et scientifique.

— *Senlis*. Comité archéologique.

Pas-de-Calais, *Arras*. Académie d'Arras.

Pas-de-Calais, *Saint-Omer*. Société des Antiquaires de la
Morinie.

Puy-de-Dôme, *Clermont-Ferrand*. Académie des sciences,
belles-lettres et arts.

Rhin (Bas-), *Strasbourg*. Société pour la conservation des
monuments historiques de l'Al-
sace.

Rhin (Haut-), *Colmar*. Société d'histoire naturelle.

— *Belfort*. Société belfortaine d'émulation.

— *Mulhouse*. Société industrielle.

Rhône, *Lyon*. Académie des sciences, belles-lettres et arts.

— — Bulletin historique du diocèse de Lyon.

— *Tarare*. Société scientifique et littéraire.

— *Villefranche*. Société des sciences et arts du Beau-
jolais.

Saône-et-Loire, *Mâcon*. Académie.

— *Autun*. Société éduenne.

— *Chalon-sur-Saône*. Société d'histoire et
d'archéologie.

— — Société des sciences
naturelles de Saône-
et-Loire.

Sarthe, *Le Mans*. Société archéologique du Maine.

Savoie, *Chambéry*. Société savoisienne d'histoire et d'archéologie.

Savoie (Haute-), *Annecy*. Académie florimontane.

Seine, *Paris*. Association pour l'encouragement des études
grecques.

— — Bibliothèque d'art et d'archéologie.

— — Bibliothèque de la ville de Paris.

— — Comité des travaux historiques.

— — Commission du vieux Paris.

— — Société d'anthropologie.

— — Société d'histoire ecclésiastique de France.

— — Société de l'histoire de France.

— — Société de Saint-Jean.

— — Société française de numismatique et d'archéologie.

— — Société française d'archéologie.

SEINE-ET-MARNE, *Melun.* Société d'archéologie, sciences, lettres et arts.

— *Meaux.* Société littéraire et historique de la Brie.

— *Fontainebleau.* Société historique et archéologique du Gâtinais.

SEINE-ET-OISE, *Versailles.* Commission des antiquités de Seine-et-Oise.

— — Société des sciences morales, des lettres et des arts de Seine-et-Oise.

— *Pontoise.* Société historique et archéologique de Pontoise et du Vexin.

— *Rambouillet.* Société archéologique.

SEINE-INFÉRIEURE, *Rouen.* Académie des sciences, belles-lettres et arts.

— — Commission départementale des antiquités de la Seine-Infé-rieure.

— *Le Havre.* Société havraise d'études diverses.

SÈVRES (DEUX-), *Niort.* Société historique et scientifique.

SOMME, *Amiens.* Académie d'Amiens.

— — Société des Antiquaires de Picardie.

— *Abbeville.* Société d'émulation.

TARN-ET-GARONNE, *Montauban.* Société archéologique.

VAR, *Toulon.* Académie du Var.

VAUCLUSE, *Avignon.* Académie de Vaucluse.

VENDÉE, *La Roche-sur-Yon.* Société d'émulation de la Vendée.

VIENNE, *Poitiers.* Société des Antiquaires de l'Ouest.

VIENNE (HAUTE-), *Limoges.* Société archéologique et histo-rique du Limousin.

VOSGES, *Épinal.* Société d'émulation des Vosges.

— *Saint-Dié.* Société philomathique vosgienne.

YONNE, *Auxerre.* Société des sciences de l'Yonne.

— *Sens.* Société archéologique.

Algérie, *Alger*. Société historique algérienne.
— *Bône*. Académie d'Hippône.
— *Constantine*. Société archéologique du département.
— *Oran*. Société de géographie et d'archéologie.
Tunisie, *Carthage*. Institut de Carthage.
— *Sousse*. Société archéologique.

Sociétés étrangères.

Autriche, *Vienne*. Anthropologische Gesellschaft in Wien.
— — OEsterreichisches archæologisches Institut.
Belgique, *Anvers*. Académie d'archéologie de Belgique.
— *Arlon*. Institut archéologique du Luxembourg.
— *Bruges*. Société d'émulation pour l'étude des antiquités de l'histoire de Flandre.
— *Bruxelles*. Académie royale des sciences, des lettres et des beaux-arts de Belgique.
— — Commission royale d'art et d'archéologie.
— — Commission royale pour la publication des anciennes lois et ordonnances de la Belgique.
— — Société d'archéologie.
— — Société des Bollandistes.
— — Société royale de numismatique.
— *Courtrai*. Cercle archéologique et historique.
— *Gand*. Cercle historique et archéologique.
— *Liége*. Société liégeoise de littérature wallonne.
— *Malines*. Cercle archéologique, littéraire et artistique.
— *Mons*. Société des sciences, des arts et des lettres du Hainaut.
— *Namur*. Société archéologique.
Bulgarie, *Sofia*. Institut archéologique bulgare.
— — Musée bulgare.
Canada, *Halifax*. The Nova-Scotian Institute of science.

Danemark, *Copenhague.* Aarboger for Nordisk oldkyndi-. ghed og historie.

— — KongeligeNordiskeOldskriftSels kab (Société royale des Anti- quaires du Nord).

Égypte, *Le Caire.* Comité de conservation des monuments de l'art arabe.

Espagne, *Barcelone.* Institut d'estudis catalans.

— *Madrid.* Académie royale de l'Histoire.

— — Sociedad española de excursiones.

— — Revista de archivos, bibliotecas y museos.

— *Valladolid.* Sociedad castellana de excursiones.

États-Unis, *Baltimore.* John Hopkins University.

— *Chicago.* Académie dés sciences.

— *Norwood.* Archæological Institute of America.

— *Philadelphie.* American philosophical Society.

— — American Journal of archæology.

— *Topeka.* Kansas State historical Society.

— *Washington.* Smithsonian Institution.

— — Bureau of ethnology.

— *Worcester.* American Antiquarian Society.

Finlande, *Helsingfors.* Suomen Muinaismuisto-Yhdistys (Société archéologique finlan- daise).

Grande-Bretagne *Londres.* Society of Antiquaries of Lon- et Irlande, don.

— *Cambridge.* Cambridge Antiquarian So- ciety.

— *Colchester.* Essex archæological Society.

— *Dublin.* Royal Irish Academy.

— *Édimbourg.* Royal Society of Edinburgh.

— — Society of Antiquaries of Scotland.

— *Jersey.* Société jersiaise.

Grèce, *Athènes.* Ἡ ἐν Ἀθήναις ἀρχαιολογικὴ ἑταιρεία.

Italie, *Rome.* Reale Accademia dei Lincei.

— — Istituto italiano di numismatica.

— — British School at Rome.

— — American Academy in Rome

ITALIE, *Bologne*. Regia deputazione di storia patria per le provincie di Romagna.

— *Catane*. Società di storia patria per la Sicilia orientale.

— *Faenza*. Museo internazionale delle ceramiche.

— *Florence*. Biblioteca nazionale centrale.

— *Foligno*. Archivio storico per le Marche.

— *Gênes*. Società ligure di storia patria.

— *Milan*. Società storica lombarda.

— *Modène*. Regia Accademia di scienze, lettere ed arti.

— *Trieste*. Archeografo triestino.

— *Turin*. Reale Accademia delle scienze.

— — Società piemontese di archeologia e belle arte.

LETTONIE, *Dorpat*. Universitas Jurievensis.

LUXEMBOURG, *Luxembourg*. Institut grand-ducal de Luxembourg, section historique.

PAYS-BAS, *Leeuwarden*. Friesch genootschap van geschied-, oudheid- en taalkunde (Société frisonne d'histoire, d'archéologie et de philologie).

PORTUGAL, *Lisbonne*. Museu ethnographico português.

— *Porto*. Portugalia.

RHÉNANIE, *Bonn*. Verein von Altertumsfreunden.

— *Wiesbaden*. Verein für nassauische Altertumskünde und Geschichtforschung.

RUSSIE, *Ékaterinenbourg*. Société ouralienne des amis des sciences naturelles.

— *Moscou*. Société archéologique.

— *Pétrograd*. Académie des sciences.

— — Commission archéologique.

SUÈDE, *Stockholm*. Kungl. vitterhets historie och antikuitets Akademien (Académie royale des belles-lettres, de l'histoire et des antiquités).

— *Upsal*. Bibliothèque de l'Université.

SUISSE, *Bâle*. Historische und antiquarische Gesellschaft.

— *Fribourg*. Société d'histoire du canton de Fribourg.

— *Genève*. Société d'histoire et d'archéologie.

Suisse, *Genève. Genava.* Bulletin du Musée d'art et d'histoire de Genève.

— *Lausanne.* Société d'histoire de la Suisse romande.

— *Stans.* Historischer Verein der fünf Orte, Luzern, Uri, Schwyz, Unterwalden und Zug.

— *Zürich.* Antiquarische Gesellschaft.

— — Musée national suisse.

Syrie, *Beyrouth.* Bibliothèque orientale de l'Université française.

— — Al-Machricq, revue catholique orientale mensuelle.

— — Bibliothèque nationale de la République libanaise.

Tchéco-Slovaquie, *Prague.* Publications du « Seminarium Kondakovianum ».

Yougo-Slavie, *Agram.* Narodna Starina.

BIBLIOTHÈQUES

RECEVANT LES PUBLICATIONS DE LA SOCIÉTÉ.

École des Beaux-Arts, à Paris.

École des Chartes, à la Sorbonne, Paris.

École française d'Athènes.

Musée des Antiquités nationales, à Saint-Germain-en-Laye.

Universités d'Aix-Marseille, Besançon, Bordeaux, Caen, Clermont-Ferrand, Dijon, Grenoble, Lille, Lyon, Montpellier, Nancy, Paris, Poitiers, Rennes, Strasbourg, Toulouse, Alger.

Académie de Chambéry.

Service des Antiquités de la Régence de Tunis.

EXTRAIT DES PROCÈS-VERBAUX

DU 1er TRIMESTRE DE 1929.

Séance du 9 Janvier.

Présidence de M. M. PRINET, président élu.

Le président donne lecture d'une lettre de Mgr Batiffol, président sortant, qui, se trouvant souffrant, s'excuse
de ne pouvoir assister à la séance.

Il fait part du décès de M. Fage, membre résidant,
dont il prononce l'éloge et adresse à la famille de notre
regretté confrère toutes les condoléances de la Société.

M. Dieudonné, membre résidant, présente à la Société
l'angelot de Louis XI, ses multiples et sous-multiples. « Il
écarte les hypothèses autres que la frappe de ces mon-
naies-médailles comme pièces de plaisir destinées à être
offertes au comte de Warwick, ambassadeur d'Édouard IV,
et à sa suite lorsqu'il vint visiter le roi de France. Or,
et c'est ce qu'il importe de remarquer, les poids de ces
exemplaires sont tout à fait énigmatiques quand on les
met en regard du système pondéral en usage dans l'ad-
ministration monétaire : le marc de Paris ou de Troyes
et ses divisions. Ils concordent au contraire avec l'once
romaine ou plutôt sa demie ou son sixième, ou sou, ou
son douzième. Il est extrêmement curieux de voir l'once
romaine en usage au XVe siècle. »

M. Collinet ajoute quelques remarques.

Le commandant Lefebvre des Noëttes, associé correspondant national, étudie deux ivoires du Musée du Louvre. L'un, provenant d'Égypte, représentant saint Théodore et daté du ve ou vi^e siècle, montre un cavalier muni d'étriers. L'étrier n'ayant paru en Occident qu'au ixe siècle, il semble que la date attribuée à cette pièce doive être modifiée. Un deuxième ivoire, d'origine espagnole, donné comme un travail du xie siècle, paraît n'être pas antérieur au siècle suivant. On y voit, en effet, un cavalier tenant sa lance sous le bras ; le bouclier est très grand ; les broignes offrent une draperie ; on remarque un mors de bride. Si on regarde le style général en le comparant avec des documents du xiie siècle, on constate d'évidentes similitudes.

MM. Marquet de Vasselot et Prinet formulent plusieurs observations.

Séance du 16 Janvier.

Présidence de M. M. PRINET, président.

Le président annonce le décès de Mgr Batiffol, membre résidant. Après avoir exprimé l'émotion de la Compagnie devant la disparition si soudaine de son ancien président, dont il rappelle la carrière et les mérites, il se fait l'interprète de la Société envers la famille de Mgr Batiffol et propose que, en signe de deuil, la séance soit levée. Cette proposition est adoptée à l'unanimité.

Séance du 23 Janvier.

Présidence de M. M. Prinet, président.

Ouvrages offerts :

GADEAU DE KERVILLE (H.) et POULAIN (A.-G.). *Résultat des fouilles gallo-romaines effectuées au camp de Vernonnet. Commune de Vernon (Eure).* 1re partie. Rouen, 1928, in-8°, pl.

Gouraud (Général). *Ce que nous apprennent les commentaires de César.* Semur-en-Auxois, 1928, in-8°, pl.

Toutain (J.). *Les opérations militaires de César autour du mont Auxois.* Semur-en-Auxois, 1928, in-8°, pl.

Urseau (Chan.). *Discours prononcé au Centenaire de la Société d'agriculture, sciences et arts d'Angers, le 13 mai 1928.* Angers, 1928, in-8°.

M. M. Aubert, membre résidant, donne lecture d'une lettre de M. Emmanuel Jeanbernat de Ferrari Doria, associé correspondant national à Marseille, qui fait don à la Société d'une somme de mille francs, pour être par elle employée comme elle le jugera bon. Le président exprime dès maintenant au généreux donateur toute la reconnaissance de la Compagnie et lui en renouvellera l'expression dans une lettre qu'il lui adressera à cet effet.

M. P. Vitry, membre résidant, annonce l'acquisition récente par le Musée du Louvre d'une tête d'apôtre provenant de la Sainte-Chapelle du château de Mehun-sur-Yèvre, et dont le moulage avait été jadis présenté à la Société par Courajod. M. Vitry date cette œuvre de la fin du xiv° siècle ou du début du xv° et pense qu'elle pourrait être d'André Beauneveu.

MM. Blanchet, Deshoulières et Dimier ajoutent diverses remarques.

M. Marcel Aubert, membre résidant, lit, au nom de l'auteur, une étude de M. Jean Vallery-Radot, membre résidant, sur un exemple de l'influence architecturale de Cluny à l'étranger : le plan du prieuré anglais de Saint-Pancrace de Lewes :

« La construction de la ligne du Southern Railway de Lewes à Brighton, dans le cours du xix° siècle, a mis au jour les fondations de différentes parties de l'église du prieuré Saint-Pancrace de Lewes[1]. D'autres fouilles

1. Comté de Sussex, Angleterre.

entreprises ultérieurement ont permis de restituer le plan
de ce monument, qui avait été détruit au XVIᵉ siècle.

« Ce plan, qui offre avec celui de l'abbatiale de Cluny
de remarquables analogies, mises en lumière par les archéologues britanniques depuis bientôt un demi-siècle,
semble être demeuré à peu près ignoré en France. Les
« filles » françaises de Cluny sont connues depuis longtemps; il semble intéressant d'ajouter à cette liste cette
« fille » étrangère.

« Nous examinerons d'abord le plan en disant comment il a pu être restitué; cet examen sera suivi d'un
bref historique du prieuré de Saint-Pancrace. Nous ter-
minerons enfin cet exposé en essayant d'attribuer à cette
église disparue les dates fournies par les documents.

« Il existe plusieurs plans de l'église du prieuré de
Saint-Pancrace. Citons ceux de Mr. Somers Clarke et
de Mr. Harold Brakspear. Ils illustrent tous les deux les
études consacrées au prieuré de Lewes par W. H. St.
John Hope[1].

« D'après ces plans, l'église du prieuré de Saint-Pan
crace comprenait une nef de neuf travées flanquée de
bas-côtés, un premier transept sur les bras duquel s'ou-
vraient à l'est deux absidioles, un second transept plus
petit, séparé du premier par quatre travées, et enfin un
sanctuaire entouré d'un déambulatoire sur lequel s'ou-

---

1. Le premier de ces articles a été imprimé à la fois dans *Archaeological Journal*, vol. XLI (1884), p. 1, et dans *Sussex archaeological Society's collections*, vol. XXXIV (1886), p. 71; il
porte dans cette dernière publication le titre suivant *The architectural history of the cluniac Priory of St. Pancras at Lewes*.
Le second article intitulé *The Cluniac Priory of St. Pancras at
Lewes*, a été publié dans *Sussex archaeological Society's collections*, vol. XLIX (1906), p. 66. Le plan de Clarke restitue une tour
de façade unique. Le plan de Brakspear et celui, beaucoup plus
sommaire, publié par Mr. Walter H. Godfrey, *The priory of St.
Pancras, Lewes*, Lewes, Farncombe and Co, 1927, inséré entre
les p. 12 et 13, indiquent au contraire, d'après l'existence des vestiges de la tour méridionale, que la façade était flanquée de deux
tours.

vraient cinq chapelles rayonnantes. Les croisillons du petit transept n'étaient pourvus chacun que d'une absidiole orientée.

« Les seules parties reconnues au cours des fouilles sont l'ensemble méridional des chapelles rayonnantes, les restes du croisillon méridional du petit transept, des vestiges des murs sud du grand transept, de la nef et de la tour sud de la façade. Ce sont à vrai dire les éléments essentiels du plan ; seules, les absidioles du grand transept sont hypothétiques. La disposition des supports, dont le plan particulier est ignoré, a été restituée d'après une description laissée par Portinari, agent de Thomas lord Cromwell, qui avait été chargé de la destruction de l'édifice sous le règne de Henri VIII[1]. Cette description indique le nombre des colonnes et des piliers ainsi que leur diamètre ; ce dernier détail entre autres a permis la restitution des deux croisées et par conséquent des deux transepts.

« Les dimensions sont exactement connues pour la longueur du moins, puisque les fondations de la chapelle rayonnante-d'axe ont été retrouvées et qu'il existe des vestiges de la tour méridionale de la façade ; ces dimensions sont dans œuvre, d'après Hope, de 405 pieds anglais, soit 123m45.

« Il suffit de juxtaposer les plans de l'abbaye de Cluny et du prieuré de Lewes pour être frappé de leurs analogies. Les vastes dimensions des bâtiments conventuels rappellent celles des dépendances de l'abbaye bourguignonne. On notera aussi la plantation de la chapelle de l'Infirmerie située exactement au sud du chœur de la grande église comme à Cluny, comme à Souvigny aussi, cette autre fille de Cluny, où cette chapelle a été remplacée au XVIIe siècle par une sacristie.

---

1. Il y avait trente-deux piliers et quatre colonnes. Cf. les articles de Hope cités plus haut. On trouvera une traduction des lettres de Portinari dans *Letters and papers Henry VIII*, XIII (1), n° 554 et 590.

« Le plan même de ces trois chapelles est d'une éton-
nante similitude : nef unique, sauf à Souvigny, terminée
par un transept sur lequel s'ouvrent trois absides de
front[1]. L'abside centrale de Lewes est remplacée par un
chevet carré ; c'est la seule différence que cette chapelle
présente avec celle de Cluny si l'on ne tient pas compte
de ses dimensions légèrement inférieures.

« Si nous examinons maintenant le plan des églises de
Cluny et de Lewes, on notera tout d'abord que celle-ci était
moins longue que celle-là : 123^{m}45 au lieu de 141^{m}70[2].
On observera aussi que la nef ne s'accompagnait que de
collatéraux simples, que les croisillons du petit transept
ne comptaient chacun qu'une absidiole au lieu de deux,
que les deux transepts étaient séparés par quatre travées au lieu de deux comme à Cluny, enfin que le sanctuaire était séparé du déambulatoire par quatre colonnes
au lieu de huit. Compte tenu de ces divergences, on
constatera néanmoins que les dispositions essentielles de
l'abbatiale de Cluny ont été reproduites à Lewes, à savoir les deux transepts et la couronne des cinq chapelles
rayonnantes. L'une des particularités du chœur de Cluny
consistait dans l'étroitesse du déambulatoire par rapport
aux bas-côtés : cette particularité a été imitée à Paray-
le-Monial et il semble qu'il en ait été de même à Lewes.

« Comment expliquer cette imitation anglaise du plan
de l'abbatiale de Cluny et à quelle date l'attribuer ? Trois
documents originaux permettent de répondre à la première de ces questions et d'essayer de trouver une réponse satisfaisante à la seconde : ce sont trois chartes
émanées respectivement des trois premiers comtes de
Warenne[3]. La première n'est autre que la charte de fon-

---

1. M. Walter Godfrey a publié dans l'ouvrage cité plus haut, en
regard de la p. 21, les plans réduits à la même échelle de ces trois
chapelles.

2. Ces dimensions de l'église de Cluny, moins le narthex, ont
été récemment données par M. Conant.

3. On les trouvera publiées en appendice dans l'article déjà cité
de Hope (*Arch. Journal*).

dation, la seconde mentionne une dédicace entre 1091 et 1098 et la troisième relate une nouvelle dédicace entre 1142 et 1148. Le premier document donne quelques détails sur la fondation même du prieuré. Il nous apprend que Guillaume de Warenne et son épouse, Gundrade, se rendant en pèlerinage à Rome, avaient séjourné quelque temps à Cluny et que, frappés des vertus monastiques qui florissaient dans cette abbaye, ils avaient formé le projet d'obtenir de l'abbé de Cluny l'envoi d'une colonie clunisienne dans leurs domaines d'Angleterre. Saint Hugues s'opposa d'abord à cette requête à cause de la distance, et surtout à cause de l'obstacle de la mer, puis se laissa fléchir. Le moine Lanzo, accompagné de trois autres moines de Cluny, fut donc désigné pour se rendre à Lewes, où il trouva une église de pierre située en contre-bas du château de cette localité et que le comte Guillaume avait construite pour remplacer une église de bois. Le comte Guillaume mourut en 1089 et Lanzo, le premier prieur de Lewes, en 1107.

« Avant sa mort se place la première dédicace, celle qui eut lieu entre 1091 et 1098. A quelle église s'applique cette dédicace? Hope fait remarquer avec raison que l'église de pierre du comte Guillaume n'a pu être construite qu'entre 1066, date de son arrivée en Angleterre, et 1089, date de sa mort. Lorsque le prieuré fut fondé en 1077, cette église était certainement assez grande pour Lanzo et ses trois compagnons. On peut supposer que la petite communauté, très richement dotée par le fondateur, n'avait pas tardé à s'augmenter et il n'est pas interdit de croire que c'est l'agrandissement de la première église de pierre du comte Guillaume, consécutive à l'augmentation de la communauté, qui avait motivé la première consécration entre 1091 et 1098.

« Si l'on rejette cette hypothèse, on se trouve en face d'une autre qui paraît peu facile à admettre et qui est la suivante : cette première dédicace s'appliquerait à la partie orientale de l'église dont les fondations ont été reconnues et la seconde dédicace aurait eu lieu après l'achèvement de l'église, c'est-à-dire après la construction de la nef.

« Pour que cette dernière hypothèse fût reconnue valable, il faudrait supposer que l'église était inachevée à l'époque de la première dédicace. Or, tel n'était pas le cas; l'église était achevée, *perfecta*[1]. Il n'est donc plus permis de prétendre que cette première dédicace ne s'appliquait qu'à une partie de l'église, à savoir le chœur. D'autre part, si l'église était véritablement achevée entre 1091 et 1098, d'accord avec les termes de la charte, il serait téméraire de supposer que cette église pût être celle dont le plan reproduisait celui de Cluny, puisque cette église dérivée de Cluny aurait été terminée avant l'achèvement du modèle. On sait en effet qu'en 1095, date de la première consécration de l'abbatiale de Cluny, cette église était bien loin d'être achevée. A la vérité, on ne sait même pas exactement jusqu'à quel point avait été poussée la construction. En outre, quelle aurait été l'utilité de la seconde dédicace de Lewes? Il reste encore une troisième solution : l'agrandissement de la primitive église de pierre du comte Guillaume ayant donné lieu à la première dédicace aurait été le chœur imitant le plan du chœur de Cluny. Les dates de cette première dédicace (entre 1091 et 1098) et la date de la première consécration de la basilique de saint Hugues (1095) sont trop rapprochées pour qu'il semble possible d'admettre cette hypothèse.

« Dans ces conditions, il paraît plus logique de penser que la première dédicace ne concernait que l'église agrandie du premier comte de Warenne. Entre cette première dédicace datant de la fin du xie siècle et la seconde (entre 1142 et 1148) se placerait la construction de l'église dont le plan imite celui de l'abbatiale de Cluny.

---

1. Dans la charte du deuxième comte de Warenne mentionnant cette première dédicace, on lit en effet que ce personnage avait été invité à faire procéder à la consécration de l'église Saint-Pancrace peu de temps après l'achèvement de cette église, *non post multum tempus cum perfecta fuisset ecclesia sancti Pancracii.*

«On ne saurait objecter que cette date est trop tardive, car l'église de Cluny s'imposa encore comme un modèle à des édifices postérieurs en date comme la cathédrale de Langres et le narthex même de la basilique de saint Hugues. La date comprise entre 1142 et 1148 proposée pour la dédicace de l'église de Lewes, si proche parente en plan de l'abbatiale de Cluny, semble donc devoir être acceptée. Si le problème chronologique peut donner matière à discussion, par contre le problème d'influence ne saurait faire de doute pour personne : on n'enregistrera pas sans intérêt cette preuve nouvelle de l'immense rayonnement artistique de Cluny. »

M. Deshoulières formule quelques observations.

M. Serbat, membre résidant, dépose sur le bureau le volume des *Mémoires* de la Société pour les années 1924-1927. Ce volume sera très prochainement mis en distribution.

M. J. Carcopino, membre résidant, fait la communication suivante :

« Un document fort important pour l'histoire constitutionnelle de la République romaine nous est fourni par la notice de Festus sur le plébiscite Ovinien (entre 318 et 312 av. J.-C.) :

Festus, p. 246 Muller = 290 Lindsay.

« *Post exactos eos* [s. e. *reges*] *consules quoque et* TRIBUNOS *militum consulari potestate coiunctissimos sibi* QUOQUE *patriciorum et deinde plebeiorum legebant, dum Ovinia tribunicia intervenit, quo sanctum est censores ex omni ordine optimum quemque* CURIATI *in* SENATU *legerent; quo factum est ut qui praeteriti essent et loco moti haberentur ignominiosi.* »

« Tous les éditeurs sont unanimes à introduire dans le texte, que nous a transmis le Farnesianus, ms. du XIe siècle, trois corrections sans lesquelles il serait impossible, non seulement d'en pénétrer le sens, mais d'en concevoir la syntaxe.

« 1° Au lieu de *tribunos*, dont les lettres finales ont été écrites par le copiste sous l'influence des accusatifs précédents, *eos* (s. e. *reges*) — et suivant *coniunctissimos*, ils lisent *tribuni*.

« 2° Au deuxième *quoque*, visiblement entraîné par le premier, ils substituent *quosque*, en vertu de la double nécessité où ils se trouvent, non seulement de donner un complément nominal ou pronominal à l'accusatif *legebant*, mais de reconstituer le tout auquel se rattachent les partitifs *patriciorum et deinde plebeiorum*.

« 3° Pour éviter un solécisme, ils remplacent *in senatu* par *in senatum*, en se bornant à supposer que les copistes ont omis de suscrire l'*u* de *senatu* du trait par lequel ils sont accoutumés d'abréger l'*m* final (cf. Lindsay, p. 9).

« Ces trois corrections s'imposent, en effet, et grâce à elles le passage, à un terme près, peut être expliqué mot à mot et rendu clairement en français :

« Après la chute des rois, les consuls aussi et les tri-
« buns à pouvoir consulaire choisissaient comme séna-
« teurs tous ceux des patriciens et ensuite des plébéiens
« qui leur étaient le plus étroitement amis ; et ce jusqu'à
« l'intervention de la loi du tribun Ovinius, laquelle pres-
« crivit aux censeurs d'appeler au Sénat les meilleurs de
« chaque ordre... ; à la suite de quoi, ceux qui étaient lais-
« sés de côté et chassés de leur place passèrent pour dés-
« honorés. »

« Mais reste l'énigmatique *curiati* qui est incompréhensible et sous lequel, évidemment, se cache un autre vocable que les exégètes se sont, à qui mieux mieux, évertués à découvrir. On trouvera la liste de leurs conjectures et des arguments dont ils les défendent dans l'ouvrage classique de Willems (*Sénat romain*, I, p. 169 et suiv.).

« En 1848, Bergk avait changé *curiati* en *viritim*. La modification n'a été reçue par personne, et elle méritait son sort. Paléographiquement, le passage de *viritim* à *curiati* ne se justifie pas ; et quant au fond, *viritim* n'exprime qu'une vérité de la Palisse, puisqu'aussi bien on ne saurait choisir des personnes qu'individuellement.

« Mommsen, suivi par Belot, a proposé d'ajouter un *m*
à la leçon du *Farnesianus* : *curiatim* est un adverbe dont
il y a des exemples, dans Cicéron (*De rep.*, II, 17); dans
Aulu-Gelle (XV, 27); dans la *Lex Malacitana* (*C. I. L.*, II,
1764, 55), avec le sens invariable de curie par curie.
Mais, comme l'a depuis démontré Willems, nous sommes
assurés que le Sénat n'a jamais été divisé en curies, et il
est impossible que le droit du peuple romain à élire sou-
verainement ses magistrats ait été restreint par l'obligation, inconnue par ailleurs, de les répartir également
entre les curies. Paléographiquement excellente, l'*emen-
datio* mommsénienne se brise contre la réalité.

« Enfin, Willems lui-même, après Meier, a remplacé
curiati par *iurati* et compris que les censeurs devaient
remplir leur office de recruteurs sénatoriaux en leur âme
et conscience, sous la foi du serment. A l'appui de cette
hypothèse, aujourd'hui favorisée d'un assentiment général (cf. *Cambridge History*, VII, p. 424), il a fait valoir
que le changement de graphie était réduit au minimum,
ce qui, du reste, est contestable, et que plus tard les préteurs chargés de composer les jurys furent pareillement
tenus de prêter un serment préalable — *iourato* (*Lex re-
pet.*, l. 15 et 18); *iurati optimum quemque in selectos iudices
referre* (Cic., *Pro Cluentio*, XLIII, 121).

« Mais la comparaison, outre l'inconvénient de porter
sur des textes que deux siècles séparent, pèche par la
base. En effet, dans le recrutement des jurys, les préteurs n'opèrent pas, si je puis dire, *in tabula rasa*, mais
bien sur une liste déjà dressée avec des catégories
expressément définies. Au contraire, dans la *lectio senatus* visée par la notice de Festus telle que tous les éditeurs nous la transmirent, aucune catégorie n'a fait l'objet
d'un tri préliminaire l'habilitant spécialement aux désignations censoriales. Tout le monde, Belot, Mommsen,
Willems, et ceux qui aujourd'hui leur emboîtent le pas,
suppose que les censeurs ne peuvent nommer que d'anciens magistrats. Mais la phrase sur laquelle ces savants
s'appuient, aussi bien avec *curiatim* qu'avec *iurati*, dit for-

mellement le contraire. *Optimum quemque* n'y est déterminé par rien : les censeurs y nomment sénateur, curie
par curie ou sous la foi du serment, peu importe, ceux
qui leur paraissent les meilleurs : *ut optimum quemque curiatim — ou iurati — in senatum legerent.* Tel est le seul sens
que comporte la proposition ainsi conçue : et ce sens est
irrecevable.

« Historiquement d'abord : la *lex Ovinia* ne peut avoir
transféré aux censeurs les pouvoirs arbitraires dont les
consuls et les *tribuni militum consulari potestate* avaient
fait un si mauvais usage, et qu'elle a eu pour but
d'amoindrir. Logiquement ensuite, parce que si les censeurs ont la liberté de choisir entre les membres de la
cité tout entière, il est impossible que les citoyens dont
ils n'ont pas retenu les noms aient été, pour cela et à dater de la *lex Ovinia,* frappés de déshonneur : sans quoi
Rome tout entière, à la seule exception de ses 300 sénateurs, eût été plongée dans l'infamie. On ne peut échapper à cette absurdité que par une sélection préalable,
ainsi que l'ont fait et Willems et Mommsen. Seulement,
et c'est ce dont on peut s'étonner qu'ils ne se soient pas
avisés, non seulement l'idée mais la nature de cette sélection sont énoncées en toutes lettres dans l'ensemble du
texte de Festus correctement entendu et restitué.

« Remarquons d'abord que le participe final *moti loco*
suppose la définition d'une hiérarchie, de la hiérarchie à
laquelle est enchaîné le choix des censeurs, et qu'un ablatif — *ordine* — l'enferme dans le cercle des magistratures. Car si *ordo* devait signifier ici l'un et l'autre ordre
de la cité, c'est-à-dire la plèbe et le patriciat, Festus eût
écrit *ex ambobus ordinibus* ou *ex duobus ordinibus* ou *ex
utroque ordine. Ordo* n'est pas davantage synonyme de
classe censitaire, puisque le latin dispose d'un terme en
quelque sorte technique pour cette acception et que si
elle était venue, en l'occurence, à l'esprit de Festus, il
eût écrit *ex omni classe.* Ces deux notions exclues par la
locution même dont il s'est servi, il s'ensuit qu'il a pris
le mot *ordo* dans le troisième sens qu'il revêt dans la

langue politique latine : celui de rang dans la hiérarchie des honneurs romains. C'est la signification que *ordo* comporte dans la phrase où Tite-Live (XL, 37), nous signalant les décès imprévus et suspects qui décimèrent la *nobilitas* au cours de l'an 180, raconte : « Le préteur Ti. « Minucius, le consul C. Calpurnius, meurent l'un après « l'autre, et beaucoup d'autres illustres personnages de « tous les rangs des magistratures succombent à leur tour : « *praetor Ti. Minucius et haud ita multo post consul C. Cal-* « *purnius, multique alii omnium ordinum inlustres viri mo-* « *riuntur* ». De même, c'est la signification qu'*ordo* requiert dans le chapitre où le même Tite-Live nous apprend comment s'y prit, en 216 av. J.-C., le dictateur Fabius Buteo pour compléter le Sénat vidé par les pertes de Cannes. Cet ancien censeur, rapporte-t-il, fit profession de se régler dans ses désignations, non sur l'appréciation des mérites individuels des futurs sénateurs, mais sur celle des rangs qu'ils occupaient dans la hiérarchie des magistratures : *ut ordo ordini non homo homini praelatus videretur* (XXIII, 23).

« Ce dernier exemple est décisif : par analogie avec lui, l'expression *ex omni ordine* dans la phrase de Festus limite aux anciens magistrats la faculté de désignation des censeurs agissant en exécution de la *lex Ovinia*. Mais si nous poussons le parallèle un peu plus avant, nous ne tarderons pas à nous apercevoir que la *lex Ovinia* a distingué entre les deux catégories d'*ordines* et qu'elle n'a privilégié que les *ordines* de la première des deux en dignité.

« En 216, Fabius Buteo, nous dit Tite-Live, a commencé par faire entrer au Sénat ceux qui depuis la dernière censure avaient géré des magistratures curules sans avoir pu, faute de *lectio* dans l'intervalle, être inscrits au nombre des *Patres* : *primus legit qui post L. Aemilium et C. Flami-nium censores curulem magistratum cepissent, necdum in Senatum lecti essent* (XXIII, 23). Cette proposition subordonnée prouve que cette inscription était normale, qu'elle constituait un droit pour eux. Puis, ajoute Tite-Live,

Fabius Buteo a successivement nommé les anciens édiles
de la plèbe, les anciens tribuns, les anciens questeurs ;
ensuite il a choisi ceux qui sans avoir revêtu de magistratures s'étaient distingués dans la guerre contre Hanni-
bal : *tum legit qui aediles tribuni plebei quaestoresve fue-
runt, tum ex iis qui magistratus non cepissent.* Mais cette
fois, aucune proposition subordonnée ne vient marquer
que ces nouveaux personnages eussent dû, régulièrement,
franchir le seuil de la Curie. C'est en cela que tous s'op-
sent aux précédents ; comme c'est en cette dernière désignation que consiste l'originalité de la *lectio* de 216, qui,
par la suite, devait créer jurisprudence. D'où il résulte
qu'antérieurement à 216 les anciens magistrats curules,
ex-dictateurs, ex-*magistri. equitum*, ex-consuls, ex-pré-
teurs, ex-édiles curules, étaient seuls imposés par les lois
en vigueur à la considération des censeurs accomplissant
la *lectio senatus*. De là à conclure que nôtre procédure remonte au plébiscite Ovinien de 318-312 av. J.-C. et que
dans le texte de Festus qui l'analyse, la locution *ex omni
ordine* ne vaut que pour tous les rangs précités de la hiérarchie curule, il n'y a qu'un pas, et je n'hésite pas à le
franchir, malgré les objections de Willems, ou plutôt à
cause d'elles.

« Selon Willems, c'est une vérité mathématique que le
plébiciste Ovinien intéressait tous les magistrats, et non
les magistrats curules, exclusivement. Voici comment il
raisonne : en 318-312 av. J.-C., le Sénat comprenait
300 membres ; d'après les tables de mortalité un groupe
de 300 humains doit subir en cinq ans, intervalle habi-
tuel entre deux *lectiones*, quarante-cinq décès, en moyenne.
Or, à l'époque du plébiscite, et pendant la première moitié du IIIe siècle, il n'était créé, dans le même laps de
temps, qu'une vingtaine de magistrats curules nouveaux.
Par conséquent le plébiciste n'a pu ordonner aux censeurs
de réduire encore ce chiffre, déjà inférieur à la moitié des
sièges à pourvoir, par un tri qui les obligeait à ne
prendre parmi eux que les meilleurs ; et il est au contraire tout naturel, si la *lex Ovinia* s'étendait aux quatre-

vingts magistrats, curules et plébéiens, créés au cours
d'un lustre, qu'elle ait enjoint aux censeurs de ne garnir
les quarante-cinq places vacantes qu'avec les meilleurs
d'entre eux : *optimum quemque*.

« La conclusion paraît sans réplique ; mais à examiner
l'argumentation de près, on s'aperçoit qu'elle repose sur
une équivoque. Willems interprète les mots *optimum
quemque* comme un superlatif, alors qu'ils gardent ici,
comme ailleurs, la valeur d'un positif. *Optimum quemque*
ne signifie pas tous les meilleurs d'un concours ouvert
par les censeurs, mais tous les bons, tous les honnêtes
gens, que leur probité reconnue habilite du même coup
à la dignité sénatoriale ; et la justesse de cette interprétation ressort de la phrase finale de Festus, vouant à
l'opprobre d'une flétrissure les personnages que les
censeurs ont écartés de l'*album senatorium* et qui, par là
même, doivent être présumés malhonnêtes. Mais cela
posé, les statistiques de Willems se retournent aussitôt
contre lui. Il est clair que dans la *lectio* prévue par le
plébiscite Ovinien le nombre des sièges à pourvoir était
supérieur au nombre des magistrats qualifiés pour les oc-
cuper, sinon le déshonneur infligé aux malchanceux qui
n'auraient pu, faute de place et non de vertu, franchir le
seuil de la curie, aurait constitué la plus révoltante des
brimades, la plus dérisoire des injustices. L'examen des
censeurs ne concernait donc que les classes des magistrats dont l'effectif était inférieur au chiffre des vacances :
il se bornait nécessairement aux catégories curules. Ainsi
les inductions sur les données des actuaires modernes
aboutissent au même résultat que l'étude de Tite-Live :
après 216, tous les magistrats entrèrent obligatoirement
en ligne de compte pour l'établissement de la liste sénatoriale. Avant la loi *Ovinia* de 318-312, les consuls la
confectionnaient à leur guise. De par cette loi, qui marque
une étape décisive en cette évolution, les censeurs, subs-
titués aux consuls, ne peuvent suivre leurs préférences
personnelles qu'après avoir inscrit de droit, sur l'*album
senatorium*, tous les anciens magistrats curules qui

n'avaient pas démérité, à quelque rang qu'ils appartinssent, dictateurs, maîtres de la cavalerie, consuls, préteurs, édiles; et le texte de Festus, d'où nous sommes partis, ne s'encadre dans la réalité historique que si le membre de phrase *ut ex omni ordine optumum quemque legerent* s'applique aux honnêtes gens de toutes les catégories des seules magistratures curules. Mais alors pourquoi *curiati* ne serait-il pas une déformation du *curule* (pour *curulem*) qu'aurait porté le modèle du Farnesianus? Je laisse aux paléographes le soin de décider si le passage de cette forme à l'autre est aussi aisé que celui de *iurati* en *curiati*. Mais j'avoue que seule cette correction fournit à l'historien les apaisements et les précisions que toutes les autres lui refusent[1]; et je lis sans hésiter :

« *Ovinia tribunicia intervenit qua sanctum est ut censores ex omni ordine optimum quemque curulem in senatum legerent ; quo factum est ut qui praeteriti essent et loco moti haberentur ignominiosi.*

« Alors intervint la loi du tribun Ovinius, laquelle prescrivit aux censeurs d'appeler au Sénat, de tous les rangs de la hiérarchie, tous les anciens magistrats curules qui étaient honnêtes gens, à la suite de quoi ceux qui étaient laissés en dehors et chassés de leur place (dans cette hiérarchie) passèrent pour déshonorés. »

MM. Collinet, Michon et Samaran présentent plusieurs remarques.

M. Max Prinet, membre résidant, fait la communication suivante :

« Le Musée historique de Spire renferme une petite collection de sceaux-matrices du moyen âge dont un jeune érudit, M. Kurt Mayer, vient de publier le catalogue illustré. Parmi ces objets, il n'est peut-être pas inu-

---

1. Ce qui a pu tromper le copiste, c'est qu'ailleurs *curulis* était écrit avec deux *r*. Voir, en général, Forcellini, t. II, p. 556, et en particulier les mss. de Paul Diacre qui, dans la même page, portent *currules magistratus* et *curiati fanu*, pour *curia Tifata* (Festus, p. 49 Mueller, 43 Lindsay).

tile d'en signaler un qui est en forme de navette et qui paraît dater du xiv⁰ siècle.

« La légende se lit (sur la figure publiée par M. Mayer) : S. FRIS · BAELDEMARI · PORIS · SPIREN (*Sigillum fratris Baeldemari prioris Spirensis*).

« Le champ du sceau est divisé en deux compartiments inégaux. Dans l'un, le plus grand, qui occupe la partie supérieure, on voit, à gauche, un personnage debout, de face, tenant une croix à longue hampe, et à droite un autre personnage à genoux ; entre les deux est un arbre. Le compartiment inférieur porte l'image d'un autre personnage agenouillé.

« M. Kurt Mayer a décrit les figures en ces termes : « Die heilige Jungfrau, davor und darunter ein betender « Mönch. »

« Je crois, comme lui, que le personnage agenouillé à l'étage inférieur est un moine (le prieur). Mais en ce qui concerne la scène supérieure je suis d'un avis différent du sien. Je vois ici la reproduction d'une scène qui figure sur bien des monuments du moyen âge et que représente un très beau sceau de l'abbaye de Vézelay, publié par M. Coulon dans son précieux inventaire des sceaux de la Bourgogne (n° 1297). C'est l'apparition, rapportée par l'Évangile de saint Jean (XXI, 11-17), de Jésus ressuscité à Marie-Madeleine ; celle-ci a trouvé vide le sépulcre du Seigneur. Se retournant, elle voit devant elle un homme qu'elle ne reconnaît pas et qu'elle prend pour le jardinier dans la terre duquel le sépulcre a été creusé. Elle lui demande si c'est lui qui a enlevé le corps du Christ. Mais il l'appelle par son nom : « Maria. » Madeleine le reconnaît aussitôt et s'écrie : « Rabboni », c'està-dire : maître. Et Jésus lui dit : « Noli me tangere, non-« dum enim ascendi ad patrem meum ; vade autem ad « fratres meos et dic eis : Ascendo ad patrem meum et « patrem vestrum, Deum meum et Deum vestrum. »

« Souvent, dans les représentations de plus grandes dimensions, et en particulier sur le sceau de Vézelay que je viens de citer, les mots *Maria* et *Rabboni* sont inscrits sur des banderoles de chaque côté de l'arbre qui figure le jardin.

« On dit qu'une peinture, placée jadis en l'église de Montmartre, représentait la scène du jardin avec les deux inscriptions *Maria* et *Rabboni*, et que les femmes allaient là prier « saint Rabboni » pour obtenir le « rabon- « nissement » de leurs maris. »

M. Lauer ajoute diverses observations.

Séance du 30 Janvier.

Présidence de M. M. Prinet, président.

Ouvrages offerts :

Poinssot (L.). *Zama.* Alger, 1928, in-8°, une pl.

Prinet (M.). *L'illustration héraldique du Chansonnier du Roi.* Paris, 1928, in-8°, une pl.

Soyer (J.). *Les actes des souverains antérieurs au XIVe siècle conservés dans les Archives départementales du Loiret, IV et V.* Besançon, 1928, in-8°.

Le commandant Lefebvre des Noëttes, associé correspondant national, discute la date des sculptures de la *Porte della Pescheria* à Modène.

M. J. Carcopino, membre résidant, lit la note suivante :

« Ce sont de bien jolis distiques qu'on lit sur une épitaphe récemment découverte à Rome et publiée dans le *Bullettino Comunale*, 1926 (1927), p. 229 :

> *Sulpiciae cineres lectricis cerne viator*   1
>   *Quoi servile datum nomen erat Petale!*
> *Ter denos numero quattuor plus vixerat annos*
>   *Natumque in terris Aglaon ediderat.*
> *Omnia naturae bona viderat, arte vigebat*   5
>   *Splendebat forma, creverat ingenio*
> *Invida fors vita longinquom degere*
>   *Noluit hanc : fatis defuit ipse colus.*

De Sulpicia la lectrice (ou : De la lectrice de Sulpicia?), vois ici les cendres, passant :
Elle avait reçu le nom servile de Pétalè.
Elle avait vécu plus de trente-quatre ans et donné le jour sur terre à un fils : Aglaos. Elle avait touché à tous les biens de la nature : elle était dans la force de son art; elle resplendissait de beauté; elle était dans l'épanouissement de ses dons. La jalousie du sort n'a pas permis qu'elle vécût davantage, la malheureuse : et le fil a manqué à la quenouille de ses destins.

« Le premier éditeur n'a point cherché à identifier cette défunte. Mais pourquoi Pétalè n'aurait-elle pas été l'esclave, ou Sulpicia Pétalè l'affranchie et la lectrice de Sulpicia, la fille de Servius Sulpicius Rufus, l'illustre poétesse dont le souvenir et les élégies sont inséparables de l'œuvre de Tibulle?

« 1° Les *lectrices* que l'épigraphie nous fait connaître ne hantent que les maisons illustres : celle de la vestale Aurelia (*C. I. L.*, VI, 33473), celles des impératrices (*P. W.*, XII, 1115-1116). Une lectrice avait sa place marquée d'avance chez une noble dame qui était, en même temps, une princesse de lettres; et son affranchissement, s'il eut lieu, n'a rien qui doive surprendre chez cette maîtresse émancipée.

« 2° La rédaction de cette épitaphe est contemporaine de Sulpicia et de Tibulle. Non seulement, la forme *longinquom* du v. 7, mais l'archaïsme *quoi*, pour *cui*, du v. 2, empêchent, en effet, de l'attribuer à une époque plus basse que les débuts de l'Empire.

« 3° L'emploi au masculin du substantif *colus*, habituellement féminin, est une particularité de Catulle et des élégiaques. On lit chez Catulle (64, 311) :

Laeva colum molli lana retinebat amictum.

« Et Properce écrit, de son côté (IV, 9, 47-48) :

Idem ego Sidonia feci servilia palla
Officia et Lydo pensa diurna colo.

« 4° Le nom servile de la lectrice Pétalè a été formé
de la même façon que le pseudonyme de l'amant de Sulpicia, Cerinthus (cf. Schanz, II³, 1, p. 238). Le féminin
latin Pétalè a été tiré du neutre grec πέταλον, le pétale de
fleur, comme le masculin latin *Cerinthus* a été tiré du
neutre grec κήρινθον, le cérinthe, la fleur d'été ; comme si
dans la maison de Sulpicia, tous les noms qu'elle donnait
eussent dû respirer un parfum pareillement mêlé de fleurs
et d'hellénisme.

« 2° Enfin, il n'est pas jusqu'au style de l'épitaphe métrique qui ne rappelle les vers de Sulpicia : leur émotion
concentrée, leur accent un peu âpre et jusqu'à leurs
coupes volontairement brisées. Cf. par exemple : ici,
vers 7 et 8 :

> *Invida fors vita longinquom degere*
> *Noluit hanc : fatis defuit ipse colus.*

et Sulpicia, ap. Tib., III, 13 (IV, 7), 9-10 :

> *Sed peccasse iuvat, vultus componere famae*
> *Taedet : cum digno digna fuisse ferar.*

« On me reprochera peut-être de faire la part trop belle
à l'hypothèse. L'hypothèse, du moins, devait être posée
et mérite examen. »

Séance du 6 Février.

Présidence de M. M. Prinet, président.

Le président donne lecture du discours que Mgr Batiffol, président sortant, devait prononcer à la séance du
9 janvier dernier s'il n'en avait été empêché par le début
de la brève maladie qui l'a emporté :

« Au moment de quitter la présidence de vos séances,
je commettrais le péché d'ingratitude si je ne vous re-
merciais pas de l'honneur que vous m'avez fait et du
plaisir que j'y ai trouvé. Je suis entré ici pour la pre-

mière fois en 1888, amené par l'abbé Duchesne (c'était
son titre alors), qui, si novice que je fusse entre ses
élèves de l'École des hautes études, m'encouragea et
m'aida à devenir de vos associés correspondants. Voici
donc quarante et un ans que je fréquente ici. Que de
présidents j'ai vu se succéder à cette place ! Que de disparus ! dont quelques-uns furent de mes maîtres les plus
éminents ou de mes amis les plus chers, et dont je me
souviens avec quelle compétence ils dirigeaient vos dé-
bats. Leur souvenir était bien fait pour m'intimider le
jour où vous m'avez appelé à vous présider à mon tour.
Mais vous entourez vous-mêmes votre bureau de tant de
bienveillance, vous lui rendez la tâche si facile par votre
courtoisie, vous rendez l'intervention de son autorité si
parfaitement superflue, qu'il est tout le premier obligé de
vous remercier de son succès comme de la plus amicale
des collaborations.

« Ce que je vous en dis, un de nos confrères l'a dit
avec infiniment d'esprit dans un volume paru en 1926 ; il
y raconte, en forme de mémoires, comment il devint des
nôtres et quel attrait il y a trouvé, il relève la variété des
compétences qui se rencontrent ici — on y voit « même des
« liturgistes », dit-il — et le mérite d'être un salon où l'on
cause, même pendant les communications que l'on croit
écouter. Remercions-le d'avoir si bien dit que notre société est « le lieu le moins pédant du monde, celui où la
« science apparaît le moins entachée de langage et de pré-
« somption », et où chacun apprend sans que personne
cherche à lui faire la classe. Vous aimerez à retrouver
les meilleurs d'entre nous à travers cette confidence :
« Dans combien de communications, quoique je ne susse
« du fond que ce qu'elles m'en découvraient, n'ai-je pas ad-
« miré une vue nette du problème, le sens délicat des pro-
« babilités, la mesure exacte des objections, un document
« parfait de l'expérience ! »

« M. Dimier, en s'exprimant ainsi, a parfaitement saisi
la tradition de l'esprit de notre Compagnie. Nous lui en
sommes reconnaissants ; nous le serions plus encore à

ceux de nos confrères qui sont en retard, trop en retard, avec la notice qu'ils doivent écrire sur leur prédécesseur. M. Jacques Zeiller s'est acquitté naguère de ce devoir envers M. Tardif, mais combien d'autres, mêmes plus anciens que M. Jacques Zeiller, ne nous ont encore rien laissé espérer! Pardonnez à votre président sortant d'insister sur cet article de nos usages, qui semble menacer de désuétude et que nous devons maintenir scrupuleusement.

« Remercions du moins M. le comte Alexandre de Laborde de l'hommage qu'il nous a fait de la notice écrite par lui pour l'Académie des inscriptions sur le comte Durrieu, notice où il a mis admirablement en valeur l'œuvre érudite, si variée et si bien conduite, de notre regretté confrère. M. de Laborde a fixé en quelques traits discrets mais fidèles le souvenir que nous gardons tous ici de cet homme heureux, d'une cordialité si communicative, d'une amitié si sûre, et dont la mort a laissé parmi nous un vide si sensible encore.

« Nous remercions de même M. Prou de nous avoir fait l'hommage des pages publiées par lui dans la « Bi-« bliothèque de l'École des chartes » sur le comte François Delaborde. M. Prou a cru devoir s'excuser de ne pas avoir donné tout le relief qu'il aurait voulu à la variété et à la nouveauté de l'œuvre historique de François Delaborde, mais ce qu'il en dit suffit à en donner une juste idée. Nous avons aimé l'esquisse qu'il trace de ce caractère, qui était fait de sincérité, de rectitude, et, à des heures cruelles, d'héroïsme, mais non d'héroïsme impassible, et je le revois encore, la dernière fois qu'il vint ici, me parlant de sa récente visite au Chemin des Dames et de la reconnaissance qu'il y avait faite des restes de son dernier fils, et détournant brusquement son visage pour cacher ses larmes.

« Nous avons perdu cette année 1928 cinq de nos associés correspondants.

« M. le marquis de Lur Saluces, qui était des nôtres depuis 1904, avait été un grand voyageur, qui s'intéressait avec autant de curiosité que de savoir aux pays qu'il visitait. M. Schlumberger et lui firent ainsi ensemble de beaux voyages, qui, en ce temps-là, étaient encore des voyages d'exploration et de découverte. Ils visitèrent les pays scandinaves, ils visitèrent la Russie, le Caucase, l'Arménie, ils cheminèrent de Trondjem à Etchmiadzin, du cap Nord au mont Ararat.

« M. Schlumberger m'a dit le souvenir émerveillé qu'il gardait de ces expéditions de sa jeunesse. Je ne sache pas que M. de Lur Saluces ait rien écrit : il avait quitté l'armée après de brillants services, et sa vie était prise par de grands devoirs sociaux et politiques. Cependant il s'intéressait à nos travaux. Madame de Lur Saluces me faisait ces jours-ci l'honneur de m'écrire : « Votre Bulletin, « dont je lui faisais la lecture, lui permettait jusque dans « ces derniers temps de suivre vos séances auxquelles « sa santé lui interdisait d'assister. » Vous aimerez cette fidélité.

« M. André Weiss, né à Mulhouse en 1858, était un très éminent juriste. Il avait été reçu au concours d'agrégation à l'âge précoce de vingt-deux ans. Aussitôt agrégé à la faculté de Dijon, puis bientôt agrégé et professeur à la faculté de Paris, il s'était voué à l'étude du droit international privé, sur lequel il publia six volumes d'un traité théorique et pratique couronné par l'Académie des Sciences morales et politiques, dont il devait devenir membre en 1914. Sa compétence lui valut d'être nommé jurisconsulte du ministère des affaires étrangères, puis juge à la cour permanente de justice internationale de La Haye : il en fut vice-président jusqu'à sa mort, le 31 août dernier. M. Weiss était associé de notre compagnie depuis 1884. C'est qu'aussi chez lui le juriste se doublait d'un historien. Il avait publié, en 1883, un mémoire sur le « Droit fécial et les féciaux à Rome », qui témoigne de l'intérêt qu'il attachait aux origines mêmes du droit international. Il avait (en collaboration avec Paul-Louis Lucas) traduit les deux volumes de « l'Organisation de « l'Empire romain » de Marquardt, en l'enrichissant de

BIBLIOTHÈQUE N° DE MELUN

notes et de compléments, dans le célèbre « Manuel des
« antiquités romaines » de Marquardt et Mommsen, dont
l'influence a été si féconde pour les études d'histoire et
d'archéologie romaines en France. Ses grandes charges
retenaient M. Weiss loin de nous, mais il était de ceux
que nous nous honorions infiniment de savoir des nôtres.

« Les vides laissés par ces cinq associés correspondants que la mort nous a pris ont été comblés par l'élection de sept nouveaux associés : MM. Outardel, Faral,
Calliat, Flipo, Lickenheld, Lacombe, Fels.

« Les rangs des membres résidants ou honoraires, qui
avaient été si éprouvés en 1927, n'ont eu aucun deuil à
déplorer au cours de 1928, et nous avons donné des successeurs aux disparus. M. Monceaux est ainsi devenu
membre honoraire. MM. Jean Babelon, Lantier, Focillon sont devenus membres résidants.

« Au nombre des distinctions échues à de nos confrères,
j'ai le plaisir de signaler le prix Monthyon, décerné à
M. de Mély pour un livre intitulé « les Dieux ne sont pas
« morts », et une seconde médaille des Antiquités nationales, à M. Huard, pour sa monographie sur « la paroisse
« et l'église de Saint-Pierre de Caen des origines au
« xvie siècle. »

« Vous avez été heureux de voir M. Réau devenir chevalier de la Légion d'honneur, et M. Merlin membre de
l'Académie des inscriptions. Nous comptons parmi nous
plus d'un Africain ; M. Merlin, quinze ans directeur des
antiquités de Tunisie, est parmi les plus brillants : il n'a
pas seulement fouillé le sol, il a fouillé la mer ; le bateau
de Mahdia est une des trouvailles les plus prestigieuses
de l'archéologie. Nul ne s'est étonné que ce bateau ait
accosté au quai Conti, et ç'a été parmi nous une joie una-
nime.

« Mettons au nombre des événements heureux l'apparition des ouvrages que nos confrères publient et que
trop souvent leur modestie nous laisserait ignorer. Nous
avons reçu ainsi « l'Économie antique », de M. Toutain ;
« l'Empire romain et l'Église », de M. Jacques Zeiller ;

« l'Évangéliaire carolingien de Lyon », de M. Lauer;
« les Documents sur les drapiers de Reims au moyen
« âge », de M. Demaison; « les Archives de la maison
« de la Trémoïlle », de M. Samaran; « les Artistes de la
« Renaissance », de M. Roy; « les Gracques », de
M. Carcopino; enfin, « le Glossaire archéologique du
« moyen âge et de la renaissance », de Victor Gay, con-
tinué et publié par MM. Stein et Aubert.

. « Quant à nos séances hebdomadaires, le souci de votre
président en charge sera toujours de trembler pour leur
ordre du jour : rien n'est si capricieux que notre appro-
visionnement. Nos anciens y avaient pourvu en ouvrant
la séance à cinq heures, voire à cinq heures passées : on
remplaçait ainsi le rôti par une conversation vive et ani-
mée, comme aimait à dire un cardinal que plusieurs
d'entre nous ont connu. Mais cette année même, vous
nous avez interdit ce stratagème, en demandant que la
séance s'ouvrît à quatre heures trente précises. C'était
un coup d'audace, et il vous a réussi, car jamais nous
n'avons senti la disette menaçante, trop menaçante!

« Maintenant que l'année est révolue, nous pouvons
dresser, non pas l'inventaire des communications qui
nous furent faites, mais quelque chose comme un tableau
de notre compétence collective.

« Voici le préhistorique avec les photographies que
nous présente M. Lantier des sculptures solutréennes du
Roc (Charente) découvertes par M. Martin.

« Voici l'archéologie grecque avec le précieux fragment de coupe attique de la seconde moitié du v⁵ siècle
avant notre ère, trouvé en Camargue et présenté par
M. Benoît; avec la tête féminine en marbre provenant
des frontons du Parthénon, récemment entrée au Louvre,
et que commente M. Michon; avec la note de M. Chapot sur le sens du mot ἀστός, bourgeois, chez les auteurs
attiques.

« Voici l'archéologie romaine, avec une brève étude
de M. Collinet sur des inscriptions du Briançonnais;
de M. Toutain, sur les dernières fouilles d'Alésia; de

M. Carcopino, interprétant les figures d'initiation rele-
vées dans la décoration d'une nécropole du iii° siècle,
à Ostie; de M. Blanchet, sur une pointe de lance en
bronze, trouvée à Périgueux; de M. Mayeux, sur les
ruines de Cars (Corrèze) et sur le petit temple gallo-ro-
main dédié à la divinité des sources de la Vézère.

« Voici l'archéologie chrétienne, avec la première inscription chrétienne relevée à Volubilis et datée de 655,
étudiée par M. Carcopino, à qui nous devons de même
une note sur l'inscription en mosaïque de l'évêque
Alexander de Tipasa ; avec les observations de
M. Jacques Zeiller sur une inscription du v° siècle, mentionnant le titre « Pontifex Maximus », et dont la faus-
seté ne saurait être douteuse; avec les découvertes
de M. Formigé, qui nous rendent dans son état premier
le remarquable baptistère de Fréjus.

« Voici l'histoire du droit de l'époque théodosienne,
représentée par M. Martroye et sa pénétrante étude sur
une sentence rendue par Saint-Ambroise.

« Voici l'archéologie pré-romane et romane, dont nous
entretient le maître éminent qu'est M. Puig y Cadafalch;
M. Focillon, qui nous fait part de ses conjectures sur la
structure des chapiteaux romans; M. Vallery-Radot, qui
nous intéresse à la filiation des clochers limousins;
M. Verrier, qui commente les peintures du xii° siècle à
l'abbatiale de Château-Landon; M. Aubert, qui nous dit
quelques mots des fouilles qui se poursuivent à l'abbaye
de Cluny.

« L'archéologie et l'histoire du moyen âge ont une part
privilégiée chez nous, qu'elles doivent cette année à des
communications, comme celles de M. Deshoulières, sur
l'église Saint-Germain de Charonne (xiii°-xv° siècle); de
M. Aubert, sur la chronologie de la statuaire des porches
latéraux de Chartres; de M. Samaran, sur deux feuillets
par lui retrouvés d'un psautier français du xii° siècle; de
M. Prinet, sur l'illustration d'un manuscrit du « Chan-
« sonnier du Roi » (xiii° siècle); de M. Faral, dont la
communication sur la fée Morgane nous vaut d'entendre

une note de notre confrère celtisant M. Joseph Loth; de
M. Deschamps, enfin, qui a bien voulu nous entretenir
de sa campagne en Syrie et du Krak des Chevaliers de
l'Hôpital, construit vers 1110, avec une chapelle romane
du xiie siècle, un logis de maître et une grande salle du
xiiie, et dont les murailles portent les noms de la plus
belle chevalerie de France.

« Ces architectures des croisés sont une province de
l'art français, que nous nous félicitons de voir explorée
par des Français.

« La renaissance n'est pas négligée dans nos séances.
M. Marquet de Vasselot nous parla d'un service en
faïence d'Urbino, fabriqué en 1535 pour le connétable de
Montmorency; M. Jean Babelon, de la médaille de Jean
Paléologue de Pisanello et des soupçons dont elle est in-
justement victime; M. Roy, de l'*Eva prima Pandora* de Jean
Cousin; M. Réau, d'un vitrail de Saint-Florentin (Yonne)
de 1529; M. Huard, d'une crucifixion qui décorait la
grand'chambre du Parlement et qu'il établit qu'elle date
du règne de Louis XII. Vous pensez tous aux improvisa-
tions si sagaces et si sûres de M. Dimier.

« Je m'excuse de n'être pas complet, je n'ai voulu retenir que les grands ensembles dans ce tableau de votre
activité, mais je me reprocherais d'oublier quelques con-
tributions hors séries; avant tout, celles de M. le commandant Lefebvre des Noëttes, qui sont d'un technicien
dont l'information est si étendue et les conclusions si
nouvelles dans leurs applications à l'histoire de l'art aussi
bien qu'à l'histoire sociale; celles de M. le marquis de
Baye, que sa santé et son deuil retiennent loin de nous,
mais qui ne laisse passer aucune occasion de nous témoigner qu'il est plus que jamais des nôtres; enfin, celles de
M. Bashmakoff, notamment son exposé sur l'identité des
Avars du vi^e siècle et des Avars établis de temps immé-
morial dans le Daghestan, exposé où les chétives indications des textes se prolongent dans les analogies sug-
gérées par la science des races, grandes vues dont
M. Millet a souligné l'importance.

« Le congrès des sciences historiques, qui s'est tenu à Oslo en août dernier, est un congrès où vous aviez bien voulu charger votre président de la mission de vous représenter, en même temps qu'il y était délégué par le Saint-Siège. J'ai eu le plaisir de m'y rencontrer avec trois de nos confrères, M. Collinet, M. Réau, M. Jacques Zeiller. M. Collinet apporta une étude sur les transformations du droit romain entre le IIIe siècle et le VIe, plus précisément sur les sources du droit romain privé entré dans la codification de Justinien. Vous savez combien en ces matières notre confrère est un maître écouté.

« M. Réau, rédacteur en chef de la « Gazette des « Beaux-Arts », traita de l'influence de l'art français au XVIIIe siècle à l'étranger, et il s'appliqua à montrer comment, au temps où cette influence fut le plus sensible, elle fut une influence et non une tyrannie, ne cherchant pas à niveler l'art européen, mais respectant les génies nationaux dont elle ne voulait faire que l'apprentissage technique. Plût à Dieu que toutes les hégémonies nationales fussent aussi discrètes ! M. Jacques Zeiller présenta un court mémoire sur deux inscriptions de Dalmatie qui mentionnent une « Matris Magnae cognatio », c'est-à-dire bien vraisemblablement une confrérie de culte métroaque, qui est dite avoir ici agrandi son « fanum » de ses propres ressources, là élevé et dédié « aedem et aram », grâce au vœu d'un particulier qui était apparemment de ses membres. L'intérêt est grand de tout ce qui touche à l'organisation des collèges religieux contemporains du haut empire.

« L'impression de confusion, que laisse peut-être à tous ceux qui y prirent part le congrès d'Oslo, tient à la multiplicité des sections entre lesquelles on avait divisé le travail et dispersé les travailleurs ; elle tient aussi à la classification des sujets traités, classification inspirée plus par l'économie des programmes universitaires que par la variété des recherches historiques. L'enseignement de l'histoire semble avoir été la préoccupation prédominante d'un congrès où la majorité était faite de profes-

seurs d'université. Le congrès précédent, qui s'était tenu
à Bruxelles en 1923, avait adopté une classification des
sujets et une division du travail qui étaient conçues dans
un esprit plus souple et plus ouvert.

« Tout congrès est ce que sont les savants qui y
prennent part. Ç'a été une erreur des organisateurs de
celui d'Oslo de demander que des rapports fussent pré-
sentés qui exposeraient l'état d'une question, — par
exemple la question des influences de l'art oriental en
Occident, — et de penser que les congressistes aime-
raient à disserter entre eux d'une question classique trai-
tée dans tous les manuels. Il serait préférable d'attirer
des savants qui apporteraient au congrès une pensée personnelle, une pensée neuve, voire un paradoxe. M. Pirenne remporta un vif succès par l'exposé de ses vues
sur la part de l'Islam dans l'évolution de l'Europe occidentale au moyen âge, et surtout par ses réponses aux
objections qui crépitaient de toute part. Le cas de M. Pirenne fut presque unique, quand il aurait pu se repro-
duire maintes fois. Mais un règlement draconien paraly-
sait les discussions qui s'amorçaient, et les présidents de
section semblaient avoir pour unique souci d'épuiser un
ordre du jour chargé de trop de communications, parmi
lesquelles un trop grand nombre avaient le don de faire
instantanément le vide dans la salle.

« Nous serions injustes si nous n'ajoutions pas que
l'atmosphère du congrès était toute de sympathie, et que
l'accueil des historiens norvégiens, de l'université d'Oslo,
des sociétés savantes, des pouvoirs publics, du corps di-
plomatique, du Roi, était bien fait pour nous conquérir,
en même temps que le pays lui-même semblait vouloir se
mettre de la fête dans les incomparables sites que l'on
nous fit visiter!

« Souhaitons que le prochain congrès des sciences historiques, qui se réunira à Varsovie en 1933, tienne
compte de l'expérience de 1928 et fasse plus large la part
des échanges de vues entre historiens, qui viennent de
tant de pays divers, pour se connaître, pour se com-

prendre, pour comparer leurs méthodes et confronter leurs trouvailles, pour organiser des collaborations internationales, pour nouer des relations qui ne demandent qu'à devenir des amitiés.

« Et je m'aperçois qu'en m'exprimant ainsi je ne fais qu'internationaliser un programme, un esprit, qui est exactement celui de notre Société nationale des Antiquaires de France, et sa prédilection pour les recherches personnelles de première main.

« Il faut finir. Il me reste seulement à remercier en votre nom M. Serbat, qui a la sollicitude de la publication de notre « Bulletin », notre secrétaire, M. Formigé, qui a été un secrétaire exemplaire, et à inviter M. Max Prinet à vouloir bien prendre la présidence pour l'année qui s'ouvre, avec M. Collinet pour l'assister dans les fonctions de secrétaire. »

L'impression du discours de Mgr Batiffol est votée à l'unanimité.

La vacance du siège de membre résidant dont M. Fage était titulaire est déclarée.

Le président adresse les félicitations de la Société à M. Roy, membre résidant, récemment élu membre de l'Académie des inscriptions et belles-lettres, ainsi qu'à M. E. Perrot, associé correspondant national, qui vient d'être nommé chevalier de la Légion d'honneur.

M. J. Roustan est élu associé correspondant national pour le département du Var.

M. Mirot, membre résidant, signale la description, dans un inventaire du trésor royal sous Charles VI, de deux pièces d'orfèvrerie dont l'une représentait le château de Vincennes et l'autre offrait l'image du connétable Duguesclin.

MM. Marquet de Vasselot, Lauer et Prinet émettent plusieurs remarques.

M. le comte du Mesnil du Buisson, associé correspondant national, fait la communication suivante :

« Devant repartir dans peu de jours en mission en Orient, j'ai voulu avant mon départ résumer les résultats archéologiques actuellement acquis par la Mission de Mishrifé.

« En 1924, des levées de terre situées aux confins du désert Syro-Mésopotamien, près d'un ruisseau affluent de l'Oronte, indiquaient seules le site de Mishrifé, comme l'emplacement d'un établissement ancien. Les quelques voyageurs, qui avaient traversé le petit village installé sur une des buttes, n'avaient cependant deviné ni la ville disparue, ni la haute antiquité du site; ils pensaient, en général, que ces mouvements du terrain marquaient l'emplacement d'un camp romain du *limes* de Syrie à basse époque. Le R. P. Ronzevalle seul avait soupçonné la vérité en attribuant ces vestiges aux peuples de la mer à l'époque de Ramsès III, c'est-à-dire vers 1200 avant notre ère, au début de l'âge du fer. Ce sont ces conclusions hardies qui firent décider les fouilles.

« Elles eurent lieu en 1924, 1927, 1928 et vont reprendre en 1929.

« Elles ont amené la découverte de trois villes qui se sont succédé sur le site. La première est antérieure à la venue des Chaldéens en Syrie, donc à la IIIe dynastie d'Ur (Our) vers 2200 avant J.-C. La couleur qui lui est attribuée sur les plans l'a fait appeler la *ville bleue*.

« La seconde est toute imprégnée d'influence chaldéenne. Son plan général, celui de ses temples, le nom de sa grande déesse Nin-Egal, et jusqu'aux matériaux de construction rappellent la domination sumérienne. M. Dussaud a établi, dans un rapport à l'Académie des inscriptions et belles-lettres [1], que la destruction de cette ville avait été l'œuvre de Subbiluliuma, roi hittite, qui l'incendia, après avoir emmené ses trésors et sa population dans sa capitale d'Asie Mineure, à Boghas-Keuï. La

1. Séance du 20 mai 1927.

deuxième cité s'est donc développée entre 2200 et 1375; elle est désignée sous le nom de *ville rouge*. Après sa destruction, le site ne resta pas définitivement inhabité. Peut-être dès la fin de l'âge du bronze quelques populations étaient-elles revenues s'établir dans les ruines; en tout cas, une nouvelle ville se développa pendant l'âge du fer et se prolongea peut-être jusqu'à l'époque perse. C'est une ville surtout néo-babylonienne. Elle est nommée la *ville jaune*. A l'époque grecque et romaine, l'intérieur de l'ancienne enceinte demeura désert; des installations secondaires se développèrent à l'extérieur, et il y a une soixantaine d'années seulement que le village moderne a recouvert une partie du rempart et de l'ancienne ville.

« La mode de construction et la céramique ont permis d'attribuer à chacune de ces trois villes de haute antiquité les monuments découverts qui lui appartiennent. La *ville bleue* est caractérisée par un appareil de pierres parfois de très grandes dimensions et de taille trapézoïdale. Les vestiges de ses remparts permettent de la situer à l'emplacement de la partie sud du village actuel de Mishrifé. Sa plus grande longueur ne devait guère dépasser 300 mètres. La porte de la ville est de grand style; elle est construite de blocs à bossage dont quelques-uns dépassent quatre mètres cubes. Un haut lieu très ancien paraît avoir existé dans cette ville, au lieu dit actuellement la Butte de l'Église.

« La céramique de la ville bleue en plein IIIe millénaire est représentée par les vases du tombeau IV, vaste chambre à puits d'où sont sorties 320 pièces de céramique, des bijoux en bronze, des colliers. Les gargoulettes piriformes à anse minuscule, les « théières » avec appendices de suspension, les gobelets ovoïdes ou en cloche sont d'une extrême finesse, d'une sonorité presque métallique par suite d'une cuisson poussée et sont souvent décorés de petites lignes serrées horizontales peintes. Les gobelets caractéristiques de la fin de cette période forment un calice piriforme comme posé sur une rondelle saillante.

EMPLACEMENT DES FOUILLES DE MISHRIFÉ-QATNA

« La *ville rouge* nous est mieux connue : son rempart, indiqué par des levées de terre de près de vingt mètres de haut et des fossés de 100 mètres de large par endroits, a quatre kilomètres de développement ; la ville, de forme carrée, a donc 100 hectares de superficie. Le groupe homogène des édifices de la butte de l'Église est rattaché à cette cité. Nous y voyons : un temple dit « Temple de Nin-Egal », un autre sanctuaire dit « Haut-Lieu » et le palais. Tout ce groupe est situé sur une terrasse artificielle formée de murs en briques crues et recouvre une partie de l'enceinte de la *ville bleue* et le Haut-lieu antérieur présumé.

« Le temple a fourni, entre autres monuments, une série de tablettes à inscriptions accadiennes d'ont quatre portent en tête : « Tablettes du trésor de la déesse Nin- « Egal, dame de Qatna ». Cela a fait présumer avec toute vraisemblance que la ville était Qatna, le temple celui de Nin-Egal. Temples et palais ont été détruits par un incendie qui a laissé partout sa trace. La construction est de briques crues à la mode chaldéenne avec revêtement à la base de grandes dalles en albâtre ou lambris de cèdre recouvert parfois de feuilles d'or. Les revêtements d'enduits à la chaux peints n'étaient pas inconnus non plus. Les bases des piliers sont en basalte et dépassent parfois 2^m50 de diamètre. Outre les tablettes, les édifices ont fourni un sphinx au nom de la princesse Ita, fille d'Amenhemat II, de la XIIe dynastie, vers 1900 av. J.-C., une tête de bélier en bronze, des fragments d'un bas-relief d'incrustations de basalte, des coupes en pierre dure, dont une soutenue par des pieds de taureaux, des gonds et verrous en bronze dans le palais, des fragments de grands vases égéens à peintures, etc.

« A la *ville rouge* appartient le mamelon artificiel dit Coupole de Loth. La céramique trouvée au centre avec les dépôts de fondation sous l'édifice permet d'en situer la construction vers la fin de la *ville rouge*, c'est-à-dire vers le milieu du IIe millénaire. Le tombeau I, tombe à puits contenant une centaine de vases et des bronzes remontant au moins au xvi° siècle avant notre ère, se rattache encore à la *ville rouge*.

« La céramique est moins fine et plus poreuse ; le décor souvent géométrique est parfois inspiré par des modèles anthropomorphes, sans doute égéens ou anatoliens. Les bols bas et ventrus, les bouteilles en forme d'œuf et à petit goulot sont caractéristiques. On constate le développement des becs et des anses.

« La grande extension de la *ville jaune* se produisit vers l'époque néo-babylonienne ; à cette époque, toute la grande enceinte paraît avoir été couverte de maisons. Les édifices déblayés sont, en général, des constructions de défense et d'habitation privée. Le soubassement au moins des murs est ici en pierre. Les chambres sont plus petites, l'ordonnance plus pauvre. Une des constructions avec ses cuvettes ménagées dans le sol au milieu des pièces paraît avoir servi de bains. C'est encore à la *ville jaune* que se rattachent deux cuves découvertes sur l'emplacement du temple de Nin-Égal et encore teintes du sang d'un mammifère différent de l'homme. Cette particularité a fait penser qu'elles avaient pu servir à des sacrifices apparentés aux tauroboles.

« Reste le grand édifice Viry composé de blocs qui dépassent parfois trois mètres de côté. Le dater avec certitude n'est pas possible. La céramique trouvée dans les ruines fait présumer une époque assez basse et provisoirement nous le placerons dans la *ville jaune*.

« La céramique contemporaine de cette ville est lourde et épaisse ; les fonds sont souvent sphériques ; les anses ont atteint leur complet développement. Les coupes à pied et les jarres à culot de renfort sont caractéristiques. Dans les pièces les plus soignées le lustre est rouge sombre ou plus rarement noir. Le décor géométrique au pinceau qui se rencontre ailleurs est lourd et compliqué. C'est bien la céramique de l'âge du fer.

« De nombreuses villes ont été découvertes autour de Qatna. Soixante-dix ont déjà été repérées sur le terrain. L'influence de ce véritable royaume se fit certainement sentir au loin dès la haute antiquité, soit sous l'hégémonie de Hama comme nous le montrent certains textes, soit sous l'impulsion d'autres capitales comme Qatna à des époques différentes. Certains monuments égyptiens ou égéens découverts ici le prouvent déjà. Le rapport entre les ruines d'El-Mishrifé et celles de Tell el-Yahoudiyé en Égypte permettent de plus d'entrevoir un lien entre ce groupe de populations de la Syrie du Nord et les Hyksos envahisseurs de l'Égypte. Si l'on songe que le plus grand développement de la *ville rouge* s'est produit précisément à l'époque de l'invasion asiatique en Égypte, on n'aura pas de peine à croire que ce peuple, s'il n'a été à la tête du mouvement victorieux, a au moins fourni un contingent considérable à la Confédération Hyksos.

« Les résultats des deux premières campagnes de fouilles à Mishrifé ont été publiés dans la revue *Syria*, années 1926 à 1928. »

Séance du 13 Février.

Présidence de M. M. Prinet, président.

M. Toutain, membre résidant, présente trois objets provenant des fouilles d'Alésia : un support de terre cuite ajouré qui a pu servir, soit de chandelier, soit de base à un brûle-parfum ; une balance romaine dont l'un des bras du fléau porte une graduation indiquée par des points espacés ; un petit dauphin de bronze, à la queue recourbée et redressée ayant dû être une anse de vase ou une poignée de coffre ou de lampe.

M. Marquet de Vasselot, membre résidant, place sous les yeux de la Société des vases préhistoriques de terre peinte, découverts en Chine et donnés au Musée du Louvre par M. David Weil.

MM. Carcopino, Toutain, de Mély, Merlin, du Mesnil du Buisson, Michon, Samaran et Babelon formulent de nombreuses remarques.

Séance du 20 Février.

Présidence de M. M. Prinet, président.

Ouvrages offerts :

Carcopino (J.). *Sopra un frammento di iscrizione musiva proveniente da una chiesa di Tipasa nella Mauretania.* Roma, 1928, in-8°.

— *L'invocation de Timgad au Christ médecin.* Roma [1927], in-8°.

Martroye (F.). *La monnaie d'or et les payements dans les caisses publiques à l'époque constantinienne.* Paris, 1928, in-8°.

Pocquet du Haut-Jussé (B.-A.). *Les Papes et les ducs de Bretagne.* Paris, 1928, 2 vol. in-8°.

Zeiller (J.). *Sur les cultes de Cybèle et de Mithra.* Paris, 1928, in-8°.

Nandor Pettich. *La trouvaille scythe de Zöldhalompuszta.* Budapest, 1928, in-4°, pl.

Le président déclare la vacance de membre résidant précédemment occupé par Mgr Batiffol.

M. J. Babelon, membre résidant, présente un ouvrage de M. Nandor Pettich sur la trouvaille scythe de Zöld-halompuszta en Hongrie.

M. M. Prinet, membre résidant, détermine la provenance d'un exemplaire de la Bible de 1482, conservé à la bibliothèque de l'Arsenal. Cet exemplaire a été enluminé pour Jean de Vailly, doyen du chapitre d'Orléans et conseiller au Parlement de Paris.

Séance du 27 Février.

Présidence de M. M. Prinet, président.

Ouvrages offerts :

Bégouen (Comte) et Bégouen (L.). *Découvertes, nouvelles
dans la caverne des trois frères à Montesquieu-Avantès
(Ariège).* Paris, 1928, in-8°, pl.

Bégouen (Comte) et Vallois (Dr H.). *Les empreintes
préhistoriques.* Paris. 1928, in-8°, pl.

Bégouen (Comte). *La grotte de Niaux et ses dessins préhistoriques.* S. l. [1926], in-8°.

— *Une vue de l'intérieur de la cathédrale de Toulouse en
1791.* Toulouse, 1927, in-8°, une pl.

Bruston (Ch.). *Encore quelques passages obscurs des Évan-
giles.* Paris, 1928, in-8°.

Matherat (G.). *Autour d'un castellum de la cité des Bello-
vaques.* Rantigny, 1928, in-8°.

Les élections pour les deux sièges de membre résidant
actuellement vacants sont fixées au 1er mai.

M. Deshoulières, membre résidant, donne communication d'une lettre de M. Bruston, associé correspondant
national, au sujet de l'inscription du cloître de Vaison :

« M. Halkin a fort bien expliqué la plus grande partie
de l'inscription métrique du cloître roman de Vaison.
Mais il semble avoir été moins heureux par la fin de ce
texte curieux et obscur, ce qui n'est pas étonnant avec la
ponctuation adoptée. On ne voit pas, en effet, quel pourrait être, dans ce qui précède, le sujet de

Bissenis lapidum sit ut addita venis,

qui a besoin cependant d'un substantif féminin singulier
avant ou après. Or, il y en a un, mais il se trouve après.

« Ajoutez au dernier vers :

Pax huic domui,

et vous obtiendrez une phrase assez régulière.

« Pour qu'elle soit ajoutée aux douze veines de pierres,
« que la paix soit à cette demeure ! »

« M. Halkin a bien vu aussi que *les douze veines de
pierres* sont les douze fondements de la Jérusalem céleste
dans l'*Apocalypse* (chap. XXI). Y être ajouté, c'est sans
doute devenir partie intégrante de la cité dont elles sont
les fondements. Et les *veines* sont peut-être les couleurs
différentes de ces pierres précieuses : jaspe, saphir,
chalcédoine, etc., ou plutôt les douze lignes formées par
ces douze sortes de pierres précieuses. Pour qu'une maison fasse partie de la cité sainte, il faut naturellement
que la paix y règne.

« L'inscription se compose donc de trois phrases. La
première embrasse les deux premiers vers :

Obsecro vos, fratres, Aquilonis vincite partes,
Sectantes claustrum, quia sic venietis ad Austrum.

« La seconde, le 4ᵉ vers et le premier mot du 4ᵉ :

Trifida quadrifidum memoret succendere nidum
Ignea.

« Et la 3ᵉ, le reste.

« La 1ʳᵉ recommande aux frères de *vincere* le Mal ou
plutôt *le Malin*[1].

« La 2ᵉ exprime le vœu que la flamme triple (de la foi,
de l'espérance et de la charité) réchauffe cet asile qua-
druple (c'est-à-dire de la prudence, du courage, de la justice et de la tempérance).

« Et la 3ᵉ, que la paix y règne, comme nous l'avons
vu. »

---

1. *Est Aquilo Satanas. etc.; Est Auster Christus, etc.;* p. 83 du
Mémoire.

M. Lantier, membre résidant, lit une note de M. le comte Bégouen, associé correspondant national, sur les figurations humaines sans bouches à l'époque paléolithique :

« M. Loth a publié dans les *Mémoires de la Société des Antiquaires de France* (8ᵉ série, tome VII) une note fort intéressante sur *Le silence et la mort chez les Latins et les Celtes insulaires*. Dans la seconde partie surtout, il fait preuve, une fois de plus, de sa grande érudition de linguiste et de celtisant, à laquelle il convient de rendre hommage.

« Il est seulement regrettable qu'il ait pris pour occasion de ses remarquables commentaires les découvertes de Glozel.

« Ceci dit, il convient également de remarquer qu'il y a des exemples de figures humaines sans bouche plus anciens que les statues-menhirs de l'Aveyron et que les cylindres néolithiques du Yorkshire. On en connaît dès le paléolithique et le plus caractéristique est celui de la tête de femme de Brassempuy, dite la *femme à la capuche*. Les arcades sourcilières, les yeux, le nez sont nettement indiqués, mais rien n'est dessiné entre le nez et le menton. Dans la plupart des statuettes aurignaciennes la figure n'est pas marquée. La tête est faite d'une boule tantôt ronde et crépue comme à Willendorf, tantôt en olive comme à Grimaldi ou à Lespugne, tantôt fortement allongée comme à Savignano, mais toutes sont sans aucune représentation des traits de la figure. La longue fente en forme d'accent circonflexe qui se trouve sur la face de la Vénus de Vistonitzé est placée trop haut pour indiquer une bouche, comme on l'a prétendu, elle marque la ligne des yeux, quoique d'une façon tout à fait incorrecte.

« Nous ne savons rien des raisons qui ont présidé à la confection de ces statuettes. Si l'exagération de certaines formes et la précision de quelques détails nous font supposer qu'elles devaient se rapporter à quelque idée rituelle de fécondité, rien ne nous permet d'émettre une hypothèse en ce qui concerne l'absence — le *silence* dans le sens si clairement démontré par M. Loth — des traits du visage et en particulier de la bouche.

« Y a-t-il lieu d'établir une filiation entre les figures humaines, sans bouche, du néolithique et celles du paléolithique? Je ne le crois pas. Il n'y a rien de commun entre les chasseurs de l'âge du renne et les pasteurs et agriculteurs de la pierre polie : races différentes, mentalités différentes et peut-être même opposées. Il y a simplement similitude de phénomènes. »

M. Lantier, membre résidant, décrit des fragments de vêtements trouvés en Suède et en Danemark, et conservés dans les musées de Stockholm et de Copenhague. Ces vêtements qui appartiennent à la première phase de l'âge du bronze scandinave montrent deux types nouveaux : grand manteau ovale et petit jupon court avec longues franges de laine.

M. J. Zeiller présente quelques remarques.

Séance du 6 Mars.

Présidence de M. M. Prinet, président.

Ouvrages offerts :

Actes du premier congrès national des historiens français. Paris, 20-23 avril 1927. Publiés par le Comité français des Sciences historiques. Paris, 1928, in-8°.

Espérandieu (Ém.). *Recueil général des bas-reliefs, statues et bustes de la Gaule romaine.* T. X. Paris, 1928, in-8°.

Lanoë-Villène (J.). *Le livre des symboles.* Lettre C. Paris, 1927, in-8°.

Le Clerc (Dr R.). *Les Vaux de Vire* |Saint-Lô|, s. d., in-8°.

L'Hopital (J.) et Saint-Blancard (L. de). *Correspon-*

dance intime de l'amiral de La Roncière le Noury avec sa femme et sa fille. 2 vol. (1855-1861). Paris, 1928, in-8°.
SOCIÉTÉ FRANÇAISE D'ARCHÉOLOGIE. *Congrès archéologique de France. 90° session tenue à Périgueux en 1927. Paris, 1928.*

M. M. Aubert, membre résidant, fait hommage du volume consacré par la Société française d'archéologie au Congrès annuel qu'elle a tenu à Périgueux en 1927.

M. Gustave Lebel est élu associé correspondant national pour le département de la Seine.

M. Marquet de Vasselot, membre résidant, montre à la Société une cruche en faïence récemment acquise par le Musée du Louvre. Cette pièce, datant du derniers tiers du XV° siècle, provient de la fabrique, récemment identifiée par des fouilles, qui existait dans la petite ville de Teruel en Aragon.

M. Dimier, membre résidant, fait la communication suivante :

« Entre les graveurs de l'école de Fontainebleau, celui dont le chiffre revient le plus fréquemment sur les estampes, au bas des compositions les plus importantes, est nommé par les anciens iconographes Léon Davent.

« Comme ce nom ne disait rien à personne, il était naturel qu'on cherchât une variante à l'artiste ainsi désigné. Les initiales L. D., dont il use, semblaient s'accommoder d'une supposition dont Mariette, d'ordinaire mieux inspiré, se rendit auteur. « J'ai un pressentiment que « toutes les gravures, dit-il, qui portent la marque L. D. « sont des ouvrages de Léonard Thiry ; et Thiry, mot « flamand, a la même signification que Dieterich. » Le considérant est à changer deux fois. Il faut dire que Thiry ou Thierry, mot français, a la même signification que le flamand, non pas Dieterich, mais Dierik. Et il est sûr qu'un artiste nommé Léonard Thiry, Flamand, a travaillé à Fontainebleau. Il ne s'agissait que de le reconnaître dans un chiffre autrement déchiffré jusque-là.

« C'est ce qu'on lit. Puis, cette supposition en engendra une autre. Robert Dumesnil, Brulliot, Passavant s'étant mis à appeler Léonard Thiry notre graveur, les deux derniers s'avisèrent cependant que Davent n'est pas une invention, mais un nom inscrit en toutes lettres sur une estampe d'ailleurs signée L. D. Là-dessus remarquant que Davent ressemble à Deventer, et que Léonard Thiry attesté flamand pouvait bien être de ce lieu-là, on interpréta *Davent* par *Daventriensis* : en sorte que le maître L. D., jadis Léon Davent, devint *Leonardus Daventriensis*, et subsidiairement *Thiry*.

« De ce composé audacieux et fragile d'hypothèses, feu M. Félix Herbet a démontré la parfaite impossibilité dans ses *Graveurs de Fontainebleau*, parus de 1896 a à 1902 dans les *Annales du Gâtinais*. Je ne ferai que renvoyer à sa démonstration, que tout le monde a admise et que seuls les catalogues d'estampes, indéfiniment renseignés dans les vieux livres, continuent d'ignorer. Pour eux, le maître L. D. continue de s'appeler Léonard Thiry de Deventer. Ne connaissant que Bartsch seul, d'autres restent au vieil usage et le nomment encore Léon Davent.

« Mais ce nom vaut-il beaucoup mieux que l'autre? L'unique estampe où on le lit représente les Apôtres contemplant le Sauveur et sa Mère en gloire. Bartsch la catalogue 6 à 9, et Herbet 77 à 80. Elle est formée de quatre planches et porte pour lettre ceci : *L. D. Lion Davent* 1546. L'artiste supposé chiffré dans *L. D.* et nommé dans *Léon Davent*, serait donc mentionné deux fois, ce qui n'est pas l'habitude. Il faudrait supposer que *Léon Davent* est le peintre, *L. D.* ne désignant que le graveur. Mais la pièce vient d'après Jules Romain, on en connaît l'orginal; ainsi cela n'est pas possible. Cela ferait une grande difficulté, si l'on ne remarquait que les mots *Lion Davent* sont d'une écriture différente de *L. D.* et de celle dont use en général le graveur qui signe ainsi. Il s'en-

suit que Lion (ou Léon) Davent serait une addition pos
térieure. Reste à dire dans quelle intention.

« Pour croire qu'elle désigne le graveur, il faut l'ima-
giner comme une explication bénévole du chiffre qu'on
n'a pas effacé et qui continue de la précéder. Cela est-il
croyable? M. Herbet n'y tenait pas, et je n'en connais
pas d'exemple. Cela, joint que Léon Davent est inconnu
partout, ne se trouve nommé nulle part, oblige à chercher
autre chose.

« Un trait à retenir d'abord, c'est que ce nom ne se li-
sait pas comme nous serions tenté de le faire *da-van*, mais
davin. Mariette l'écrit ainsi : « On le nomme parmi les
« curieux, dit-il, Léon Davin. » Il n'est donc pas impossible que celui qui mit l'inscription ait fait de même, et
que la finale *ent* pour *in* n'ait été de sa part qu'un ornement orthographique. Maintenant il faut remarquer
qu'après *Lion* il y a un point, marquant que le mot n'est
pas fini. Cela n'est donc pas Léon ou Lion; cela peut être
Lionard ou *Léonard*. Et comme l'inscription est ajoutée,
ce mot et celui qui fait suite peut être un mensonge de
graveur, une fausse attribution. A qui?

« Le père Dan, dans le *Trésor des Merveilles de Fontainebleau*, venant à décrire les tableaux de la collection du
roi, après avoir parlé de ceux de Michel-Ange et de Raphaël, s'exprime ainsi : « Je donnerai le troisième lieu aux
« tableaux et riche peintures de Léonard da Vin ou da
« Vinci, homme aussi fameux qu'il y ait en cet art. » Voilà
peut-être de quoi nous tirer d'embarras. Au temps de cet
écrit, en 1642, Léonard de Vinci s'appelait au besoin
Léonard da Vin. Rien n'empêchait qu'abrégeant son prénom on écrivît *Léon.*, et qu'embellissant son orthographe
on ajoutât pour de Vinci *Davent*. Il n'est pas du tout in-
croyable qu'afin de mieux vendre une estampe, un imprimeur ignorant l'ait attribuée à ce grand maître. Il y a sur
les dessins anciens mille exemples de faux commis dans
les mêmes circonstances et avec de pareilles ortho-
graphes.

« Je ne donne pas la conclusion pour sûre, mais elle

est la seule jusqu'ici qui fasse cesser l'étonnement, devant un nom présenté comme aucun artiste ne se présente, et qui, s'il en désignait un, ne serait repéré nulle part. Dans mon livre sur le Primatice, j'ai appelé ce graveur le maître L. D., bien assuré que Léon Davent n'était pas à maintenir en usage. J'y ajoute aujourd'hui une hypothèse capable d'ôter l'étonnement qu'il cause. »

M. Deshoulières, membre résidant, examine plusieurs des caractères de l'église de Valcabrère (Haute-Garonne) :

« La date de sa fondation, d'abord : Viollet-le-Duc y voyait un édifice carolingien[1] et R. de Lasteyrie ne le contredisait pas[2]. Il est certain que cette église a un caractère archaïque très prononcé. Mais il ne faut pas s'y tromper, elle est, en grande partie, construite de pierres remployées, de colonnes et de chapiteaux rajustés, débris antiques et d'âges divers du haut moyen âge. Les chapiteaux contemporains de la construction sont en général demeurés à l'état d'épannelage.

« Il semble, en effet, qu'il y ait eu à Valcabrère une basilique des premiers temps du christianisme en Gaule, puisqu'une inscription de 347, retrouvée dans l'église, mentionne le prêtre Patroclius ; puis vint sans doute un édifice du vi^e siècle, qui servit d'église épiscopale, depuis le jour où la cathédrale voisine de Lugdunum Convenarum fut rasée par Gontran, jusqu'au xie siècle où saint Bertrand reconstruisit la cathédrale de Comminges. Sans doute même, pendant ces cinq siècles, l'église de Valcabrère fut-elle bâtie et rebatie à plusieurs reprises.

« Cependant, dans le modeste mais curieux édifice que nous avons sous les yeux, il semble que rien n'autorise à dire que nous sommes en présence d'une construction antérieure au xie siècle avancé. Les piles rectangulaires,

1. *Dict. d'architecture*, t. II, p. 38.
2. *L'architecture religieuse en France à l'époque romane*, p. 134, note 2.

couronnées de simples impostes, mais montées sur des socles ornés de perles, la technique des grandes arcades, le plan lui-même du chevet composé d'une abside et de deux absidioles s'accordent avec cette date.

« Bien plus, une reprise certaine a eu lieu au xii° siècle. Sans parler du porche latéral que l'on a attribué, peut-être un peu témérairement, au xiii° siècle, on voit, à la suite d'un examen attentif, que la nef et ses bas-côtés ont été, après coup, voûtés d'un berceau et de demi-berceaux, à l'instar de Saint-Sernin de Toulouse. Les consoles qui y soutenaient un plancher primitif sont encore très visibles.

« Ce qu'il y a de singulier dans cet édifice, c'est la disposition extérieure du chevet. Abside et absidioles en hémicycle outrepassé sont empâtées dans un mur polygonal. Mais il convient d'être encore plus précis, car le plan varie suivant la hauteur : la partie basse du chevet présente des absidioles polygonales et une abside rectangulaire séparées par des décrochements qui forment cinq réduits, celui du milieu, correspondant à l'abside, couvert d'un berceau en plein cintre, les autres surmontés de trompes en cul-de-four. Au-dessus de ces réduits, le plan dessiné par l'épaisseur du mur qui les contient est polygonal ; au sommet enfin, et en retrait, apparaissent les pans coupés de la partie haute de l'abside ajourés de fenêtres percées dans le cul-de-four.

« La destination de ces réduits est fort énigmatique. Je me demande s'ils n'ont pas été disposés pour servir d'abri aux pèlerins qui venaient vénérer le tombeau de saint Just placé derrière l'autel. Peut-être, plutôt, sont-ils simplement là pour faciliter l'établissement de la toiture.

« Mais ici encore, l'âge est difficile à déterminer : la beauté de l'appareil, le parti ornemental de la décoration de la fenêtre d'axe et de la corniche sont tels qu'on se demande si le xi° siècle lui-même n'est pas une date un peu précoce pour lui attribuer une telle construction. »

M. de Mély, membre résidant, étudie à son tour l'inscription du cloître de Vaison :

« Dans notre dernière réunion, M. Deshoulières nous a communiqué une note de M. Bruston sur l'inscription du cloître de Vaison. Je m'en étais occupé naguère, dans *Nos vieilles cathédrales et leurs maîtres d'œuvre*, parues dans la *Revue archéologique* en 1920. Mais là, pas plus que Germain de Maidy, que M. Labande, que M. Bernard (de Saint-Mihiel), je n'avais eu la prétention d'apporter une traduction bien claire. Je crois cependant qu'il est question des cheminées des logeménts de douze chanoines, qui auraient ainsi composé le Chapitre.

« La communication de notre confrère m'engage à revenir sur le dernier vers de l'inscription.

« L'esprit du moyen âge est tout imprégné de symbolisme, tout préoccupé de jeux de mots. Montaiglon nous a répété maintes fois qu'il faut toujours se demander si une inscription n'est pas en vers. Nous avons vu l'intérêt de ce conseil, dans la communication que j'ai faite en 1915 à l'Académie des inscriptions, à l'occasion de la recherche, dans la chapelle palatine d'Aix, en 1913-1914, du tombeau de Charlemagne.

« Mais il faut, non moins également, se préoccuper des jeux de mots, des abréviations, des cryptogrammes, des anagrammes, qui faisaient les délices des lettrés, et surtout des chronogrammes. Ces derniers sont beaucoup plus nombreux qu'on le pourrait supposer : leur usage s'est même prolongé jusqu'à nos jours, puisque l'inscription de la porte d'entrée de la bibliothèque de Louvain indique dans un chronogramme, composé par le recteur de l'Université lui-même, qu'elle a été reconstruite en 1928.

« Si on s'attache à les rechercher sur les monuments du moyen âge, nous n'avons que l'embarras du choix. On peut en déchiffrer un grand nombre. La cathédrale de Lisieux donne 1139 ; la Danse de Salomé de Brunswick, 1145 ; Autry-Issard, 1152 ; Avenas et Brioude, 1180 ; Saint-Pons, 1202 ; Rodez, 1212 ; le rational du

Grand Bâtard de Bourgogne, 1376; le retable des Van Eyck, 1432; celui de Saint-Bertin, 1459; l'inscription de Saint-Quentin, 1509. Inutile d'en citer d'autres.

« Or, si nous examinons le dernier vers de l'inscription de Vaison :

IGNEA BISSENIS LAPIDVM SIT VT ADDITA VENIS

nous y relevons les lettres-chiffres : M LV V V IIIIII, soit M LXX II = 1072.

« Nous voilà donc bien près du commencement du XIIe siècle, que M. Labande croit pouvoir assigner comme date à la construction de Vaison. Ce qui est bien pour confirmer ici l'hypothèse d'un chronogramme architectural. »

M. Serbat remarque que dans l'addition faite pour arriver au chiffre de 1072, il n'est pas tenu compte de la lettre D, également numérale, et qui figure trois fois dans le vers en question. Il serait intéressant de rechercher si, dans les chronogrammes et inscriptions du moyen âge, la lettre D, contrairement à ce qu'il en était dans l'Antiquité et depuis la Renaissance, n'a plus de valeur numérale.

Quoi qu'il en soit de l'existence ou de l'absence d'un chronogramme dans cette inscription de la seconde moitié du XIIe siècle, il y a lieu de rappeler que M. Labande place entre 1010 et 1030 la reconstruction de la cathédrale et qu'il assigne à une date postérieure à 1160 les remaniements qui ont donné au monument l'apparence qu'il a gardée.

Séance du 13 Mars.

Présidence de M. M. PRINET, président.

M. Merlin, membre résidant, lit, au nom du trésorier,

le rapport annuel sur la situation financière de la Société pour l'année 1928 :

Recettes :

« 1° Produit des valeurs mobilières.   .   7 229 fr. 03
« 2° Cotisations des membres résidants.   2 840   »»
« 3° Cotisations des associés correspondants.   4 809   »»
« 4° Droits de diplôme   175   »»
« 5° Rachats de cotisations . . . .   1 200   »»
« 6° Vente de publications . . . .   1 175   »»
« 7° Subvention du ministère de l'Instruction publique   400   »»

Total.   .   .   .   17 828 fr. 03

Dépenses :

« 1° Frais de correspondance, de recouvrement des cotisations, d'imprimés, etc. . . . .   915 fr. 23
« 2° Agents de la Société.   . . . .   1 325   »»
« 3° Impression de publications :
    Bulletin, 2ᵉ-3ᵉ-4ᵉ fasc. 1927 . .   4 465   45
    1ᵉʳ fasc. 1928 . . .   2 706   70
    Mettensia, t. VIII, fasc. 4 . .   4 047   90
    Mémoires, t. LXXVII. . . .   5 600   »»
« 4° Illustration des publications . .   735   95
« 5° Frais d'envoi des publications .   1 906   45
« 6° Éclairage de la salle des séances .   400   »»
« 7° Capitalisation des rachats de cotisations[1] 1 220   70

Total.   .   .   .   23 323 fr. 38

« La balance entre les recettes et les dépenses accuse un déficit de 5 495 fr. 35 ; le fonds de réserve qui était au 31 décembre 1927 de 16 942 fr. 39 se trouve par suite ramené à 11 447 fr. 04.

1. Achat de cinquante-six francs de rente française 4 %, 1917.

« L'excédent des dépenses sur les recettes au cours de l'exercice écoulé est dû à l'impression du volume de *Mémoires* qui vous a été récemment distribué ; cette impression nous a coûté 5 600 fr. et le déficit est de 5 495 fr. 35.

« C'est vous dire que nous ne saurions envisager la reprise régulière de la publication de nos *Mémoires* ; tout au plus, et selon l'état de nos disponibilités, pourrons-nous de temps à autre renouveler à cet égard l'effort que nous avons fait l'an passé.

« Même en nous restreignant, comme la nécessité s'impose malheureusement, au *Bulletin* et à un fascicule de *Mettensia*, nos charges se feront d'ailleurs de plus en plus lourdes. Dans une lettre datée de la fin de février, notre imprimeur nous a avisés qu'il était dans l'obligation de majorer ses tarifs : le prix de la feuille sera désormais accru de 20 fr., l'heure de correction de 0 fr. 70 ; déjà du mois de juin 1928 à la fin de l'année le prix du papier a augmenté de 4 fr. par rame.

« Il m'a paru utile de faire figurer à part les frais d'envoi par la poste de nos publications. La dépense atteint un total énorme, puisque les deux distributions qui ont été effectuées en 1928, l'une comprenant un cahier du *Bulletin* 1927 (2e, 3e, 4e fasc. réunis) et un cahier des *Mettensia*, l'autre le 1er fascicule du *Bulletin* 1928 et le volume des *Mémoires*, nous reviennent à plus de 1 900 fr.

« Aussi faisons-nous appel à la bonne volonté de tous afin de réaliser le maximum d'économies, mêmes minimes : pour diminuer nos frais de corrections, nous serons reconnaissants à ceux de nos confrères qui le pourront de remettre le texte de leurs communications transcrit à la machine à écrire ; pour resteindre le coût du recouvrement des cotisations, nous demandons que nos associés correspondants veuillent bien recourir de plus en plus au chèque postal[1], dont l'emploi est aussi avantageux pour eux que pour la Société.

---

1. Le titre et le numéro de notre compte de chèques postaux sont les suivants : *Société nationale des Antiquaires de France, Musée du Louvre, Paris, 924-52.*

« Les autres paragraphes de votre bilan ne paraissent guère appeler d'observations spéciales. Les ventes de publications se maintiennent (1 175 fr. contre 1 225 en 1927); notre recrutement n'a pas été aussi satisfaisant que précédemment (175 fr. de droits de diplômes au lieu de 475 en 1927).

« Dans l'ensemble et devant les incertitudes qui continuent de peser sur l'avenir, notre situation financière, sans être inquiétante, n'est pas pleinement favorable et je fais appel à l'intérêt que vous portez tous aux destinées de notre Compagnie pour essayer de l'améliorer dans la plus large mesure possible. »

M. Dieudonné, membre résidant, entretient la Société des différents sens qu'a pris le mot « billon » au cours des âges.

« Aujourd'hui, nous appelons monnaie de billon la petite monnaie de métal vil, cuivre ou nickel, qui, de cinq centimes, va s'étendre prochainement, lorsque les « bon « pour » 0 fr. 50, 1 fr. et 2 fr. auront achevé leur temps, jusqu'à cinq francs; mais le mot billon ou billion (*billonus*, *billoni* ou *billio*, *billionis*) n'avait pas du tout ce sens au moyen âge.

« Pour désigner le numéraire, on disait : monnaie d'or, d'argent et monnaie noire, celle-ci étant la monnaie divisionnaire d'argent fortement allié ou saucé (car il n'y eut pas de pièce de cuivre ou de bronze avant Henri III), et si on rencontre dans les textes de Saulcy, par exemple en 1265 [1], l'expression « monnaies d'or, d'argent et de bil- « lon », il faut faire attention que c'est Lautier, le général des monnaies de François Iᵉʳ, qui, en mauvais compilateur, prête son langage à ses devanciers.

« Le « billon » désignait la matière à monnayer, le métal non encore « ouvré », le métal « hors œuvre ».

« Quelle est l'origine du mot? L'or ou l'argent se présentait au monnayage sous forme de « culots », c'est-à-

1. F. de Saulcy, *Documents relatifs à l'histoire des monnaies frappées par les rois de France*, t. I, p. 131.

dire de résidus massifs restés au fond du creuset; de
« billes » ou « billettes », autrement dit de bâtons ou
baguettes, car bille est ici apparenté au sens de : pièce
réservée dans l'épaisseur d'un tronc d'arbre pour être
travaillée[1] (d'où : billot); ailleurs sous forme de « plate »,
soit de plaques ou de lames; ou enfin de « cendrée ». Or,
tandis que plate est passé en espagnol pour désigner l'argent (d'où notre expression : vaisselle plate)[2], bille[3] a
donné le jour à billon.

« Le mot avait un sens très général. On disait : « Les
« monnoies chôment faute de billon ». « Envoyer au marc
« (unité de poids) pour billon », c'était : envoyer à la re-
« fonte. « Ne nuls sus paines de cors et d'avoir ne les prendra
« lors à billon. » Cela comprenait aussi bien l'argent pur
que le métal allié, lingots ou espèces, et même l'or. « Est
« assavoir que ladite monnoie chosma par deffaut de bil-
« lon d'or » (1341). « Que nuls ne soit si hardi de porter
« ou faire porter hors de nostre roiaume billon d'or ne
« d'argent en masses ne en billes n'en plates ne autre-
« ment » (1365). « Que nul ne porte ou face porter nul vil-
« lon (sic), tant d'or que d'argent... hors des mettes (li-
« mites) de nos monnoyes » (1421)[4].

« P. Bordeaux, rencontrant cette expression « envoyer
« au marc pour billon » appliquée à l'or dans les ordonnances de Philippe le Bel, écrit que la chancellerie ne
craignit pas (pour décrier l'or de Flandre) de le qualifier
de billon[5]. On voit la méprise de notre auteur.

« M. L. Cailliet, archiviste de la Haute-Vienne, a publié un texte[6] où il est question d'un marchand de la région lyonnaise que des officiers royaux, en 1435, avaient

1. *Dict. de Littré*, Bille 2.
2. Cf. le nom de La Plata en Amérique.
3. Bille est aussi employé pour désigner de l'argent et, par la
suite, une chose de peu de valeur, parallèlement à billon (Dict. de
La Curne et de Godefroy).
4. Saulcy, *Doc.*, II, 329.
5. *Rev. belge num.*, 1907, 326.
6. Ms. de la Bibl. de Lyon.

dépouillé de son billon. Il serait singulier que ces « doua-
« niers » lui eussent confisqué ses pièces de billon et laissé
son argent; aussi lit-on : « rétencion de billion tant
« à monoye comme amonoyez », c'est-à-dire : billon tant
bon à faire monnaie que déjà monnayé : c'est la totalité
du bagage.

« Dans une ordonnance rendue en 1265 par le sénéchal
de Carcassonne[1], il est dit que le prix offert pour l'argent pur sera cinquante-quatre sous le marc et, pour les
monnaies, cinquante-trois sous : « quod monete *in bilio-
« nensibus* valeant ad rationem LIII solidorum, marche argenti ». Au premier abord, on est tenté de traduire *in
bilionensibus* par « en pièces de billon », mais à cette
époque le gros n'est pas encore créé, il n'y a qu'une
sorte d'espèces, les deniers, et c'est eux qu'on désigne par
in bilionensibus, c'est-à-dire « en tant que pièces à bil-
« lon », propres à faire du billon.

« Une première déviation du mot, parallèlement à
l'usage qui lui maintenait sa signification originaire, a
consisté à lui réserver le sens de métal allié, au titre de
la monnaie ou autrement, par opposition à l'or pur, à l'argent pur.

« Philippe IV dit : « Ne quis aurum, argentum vel bil-
« lionem extra regnum nostrum deferre præsumat[2] », et
Philippe VI : « Ut nos habemus materiam auri, argenti
« et bilhoni de faciendo dictas monetas operari[3]. Comme
« nous avons assez d'or, d'argent et de billon pour faire
« fabriquer les dites monnaiés ».

« D'autre part, un manuscrit du XVᵉ siècle sur les foires
de Lyon, à la bibliothèque de cette ville, s'exprime ainsi :
« Numismata vetera et alia que hoc in regno non cu-
duntur, qui thilonus (*sic*) appellatur. » Le billon, c'est ici
l'ensemble des monnaies autres que les monnaies légales

---

1. Mouynès, *Ville de Narbonne, Inv. des arch. comm., annexes
de la série AA*, p. 91-92.
2. Du Cange. Cf. *Ord.*, XII, 329.
3. Saulcy, I, 213; *Ord.*, II, 34, d'après *Reg. Noster*, fol. 213.

de l'heure, c'est-à-dire des monnaies susceptibles d'être refondues [1] ; le titre n'est pas en cause, mais le billon exclut les lingots.

« Généralement, au contraire, cette séparation ne se fait pas, mais la considération du titre est prépondérante. Ainsi, on distingua le billon blanc et le billon noir. Le billon blanc est le billon de bon argent presque pur, et le billon noir ou bas billon est le billon d'argent fortement saucé. La ligne de démarcation serait, d'après Le Blanc [2], environ six deniers de loi sur douze (titre : 0,500 ou demi-fin : moitié métal précieux, moitié alliage) ; en 1351, le 14 mai, le billon blanc descend [3] jusqu'à 4 d. 12 gr. (0,375) : il est vrai que nous sommes en pleine période d'altération... Ensuite, le billon tout court, c'est le billon noir.

« Comme les monnaies envoyées au marc pour billon étaient en majorité des monnaies de mauvais aloi, le mot glissait de plus en plus sur la pente d'une acception nouvelle.

« Dans les placards monétaires, c'est-à-dire dans les proclamations imprimées du XVIᵉ siècle, le billon est tantôt la matière comme au moyen âge, tantôt le nom porté par les monnaies de bas argent, mais non pas encore celles de cuivre. Voici une phrase de l'époque où les deux sens sont évoqués concurremment : « Quant aux « pièces de *billon* auxquelles le dit seigneur a donné cours « pour certain temps ès provinces y dénommées, ne les « mettre, exposer ny recevoir sinon pour *billon*, et leur en- « joint de les porter aux plus prochaines monnoies [4]. »

« Au XVIIᵉ siècle, le sens primitif du mot sera si bien perdu que Bouteroue, dans ses *Recherches curieuses des*

---

1. Une ordonnance (Saulcy, 1, 493), précise bien que la tolérance d'exportation, pour les besoins du commerce, n'était accordée qu'aux monnaies légales du moment, et que les autres devaient rester dans le royaume à portée de la refonte.

2. Éd. de Paris, p. XVI.

3. Saulcy, *Doc.*, t. I, p. 291.

4. Coll. des placards Morel-Fatio au Cab. des médailles.

monnoyes de France[1], n'admet plus qu'on donne le nom de billon à la matière à monnayer : il l'en distingue formellement. Le billon d'or, dit-il, c'est l'or allié à un titre au-dessous de l'ordonnance, par exemple de l'or à vingt et un carats, puisqu'on frappe à vingt-deux (0,916); le billon d'argent est celui qui est allié à dix deniers (10/12), puisqu'on frappe à onze deniers et demi, etc...

« La Curne de Sainte-Palaye s'est fait l'écho de cette opinion dans son glossaire, publié à la fin du xviiie siècle, et en même temps il cite[2], pour se couvrir, un texte du xve siècle qui, à notre avis, n'est pas du tout conforme à la thèse, mais d'où on a pu la déduire par une mauvaise interprétation.

« Il s'agit du procès de Jacques Cœur. Celui-ci est accusé : « Et aussi d'avoir fait fondre et mettre en lingot... « grande quantité d'argent blanc alayé en partie de nostre « *monnoye et d'autres billons* à moindre loy, de deux deniers « ou environ, que n'est l'argent ayant cours dans nostre « dit royaume. » Puisque ces billons de titre inférieur à celui de la monnaie sont qualifiés « autres billons », c'est que la quantité d'argent aloyé qui est désignée d'abord et qui était au titre monétaire, était aussi du billon, sans quoi le mot « autre » ne se comprendrait pas.

« Aujourd'hui, comme je l'ai dit, le billon est la monnaie de cuivre, de nickel ou d'aluminium. En réalité, c'est moins une série de sens dérivés les uns des autres, qu'une déchéance progressive du mot et de son objet, analogue à la déchéance d'un nom de monnaie, d'une devise, telle que le sou. De même que l'ancien sou d'or de Constantin est devenu notre sou, de même que le franc d'or de Jean le Bon est aujourd'hui notre franc de vingt centimes, de même l'ancien billon, métal pouvant partir du fin, s'est mué en billon de cuivre.

---

1. P. 142. Boizard et Abot de Bazinghen disent à peu près la même chose.

2. *S. V. Billon.*

« Littré signale qu'il s'est conservé dans le langage quelques traces des anciens sens : celui de bas argent pour les orfèvres, et celui de « envoyer au billon, être « au billon » qui peut se prendre au figuré, et Littré ajoute cette étiquette : billon = lieu où l'on porte toute monnaie en décri ou de faux poids. Je n'estime pas que tel ait jamais été le sens du mot billon; « envoyer au billon » ne comporte pas nécessairement cette conclusion que le billon soit un lieu déterminé pas plus que dans la locution « mettre au rebut », le rebut n'est un local. Non; il y a, dans l'évolution de ce mot, une continuité qui fait que les sens ont découlé les uns des autres rigoureusement et qu'il n'y a, pour ainsi dire pas, dans ces dérivations, de chemin de traverse[1]. »

M. l'abbé Plat, associé correspondant national, parle des dispositions de la collégiale Saint-Martin de Tours que l'écroulement de la tour Charlemagne a permis de discerner.

MM. Aubert, Deshoulières et Serbat ajoutent diverses remarques.

Séance du 20 Mars.

Présidence de M. M. PRINET, président.

M. Martin-Chabot, associé correspondant national, décrit le sceau armorial de Gaston II, comte de Foix, gravé en 1339.

« Gaston II, comte de Foix et vicomte de Béarn, qui, à l'âge de sept ans, succéda à son père en ses domaines, dans les derniers jours de l'an 1315, et mourut en 1343, fit usage de deux sceaux différents, pour authentiquer les actes écrits en son nom. L'un est du type équestre, l'autre

1. Les Anglais ont d'abord plutôt employé le mot « bullion », que les dictionnaires français considèrent comme une corruption de billon, mais que Murray rattache à « bouillon »; ensuite, ils se rallièrent à la forme billon.

du type armorial. Un exemplaire de chacun existe dans
les collections des Archives nationales (n⁰ˢ 670 et 671 de
l'inventaire de Douët d'Arcq) : le premier, en cire rouge,
pend, sur un cordon de soie rouge broché de vert et de
jaune, à un traité d'alliance avec le roi de Majorque, du
24 juillet 1337[1] ; l'autre est suspendu par une double
queue de parchemin à un accord conclu au sujet du con-
sulat de la ville de Pamiers, entre le comte de Foix,
l'évêque de Pamiers et le roi de France, le 7 mai 1342[2].
Il est aussi en cire rouge et rond ; le champ en est occupé
par l'écu aux armes du comte, écartelé de Foix et de Béarn,
timbré d'un heaume et accosté de deux feuilles de trèfle,
encadré dans une moulure dessinant un trèfle architectural ; la légende † *Sigillum Gastonis comitis Fuxi viceco-
mitis Bea[rni]i* l'entoure. C'est donc un sceau de type armorial courant, dont le style ne sort pas de l'ordinaire.

« Mais il se trouve qu'un arrêt du Parlement dé Paris[3],
siégeant au criminel, nous fait connaître quand et où il a
a été gravé. Quelques jours après la fête de Pâques
de 1339, qui tomba le 28 mars, le comte Gaston II envoya un de ses chevaliers, Aimeri de Roquefort[4] et
un de ses écuyers, Guillaume Pons de Roqueville[5], à
Paris pour négocier ses affaires avec le roi de France. Il
les chargea en outre d'y faire faire pour lui une matrice
de sceau à ses armes et à son nom (*unum sigillum nostrum
cum armis nostris et sub nomine nostro*).

« Les affaires qu'ils devaient traiter sont sans doute
les récompenses et dédommagements que le comte de-

---

1. Arch. nat., J 880, n° 13.

2. Arch. nat., J 332, n° 24.

3. Arch. nat., X² A, 2, fol. 7 v° du cahier ajouté en tête du registre.

4. « Aymericus de Ruppeforti. »

5. Lé greffier du Parlement a écrit : « de Ricovilla », mais il
semble bien qu'on doit l'identifier avec le « Guillelmus Poncii de
Ruppevilla », mentionné dans les lettres de rémission accordées à
son fils le 21 septembre 1351 (*Hist. gén. de Languedoc*, t. X,
c. 1079).

mandait au roi pour les services qu'il venait de lui rendre
et les dépenses qu'il avait faites dans la guerre menée par
lui en Gascogne contre les Anglais, notamment à l'occasion de la conquête récente de Penne-d'Agenais. Leurs
négociations eurent pour résultat le don par le roi au
comte, leur seigneur, d'Aire-sur-Adour et de Sorde
(Landes), par deux lettres patentes du mois de mai 1339[1].

« Le chevalier Aimeri de Roquefort était un baron du
Comminges; son château, bien nommé Roquefort, dont
les ruines subsistent, s'élevait sur une colline escarpée
formant promontoire au confluent de la Garonne et de
son affluent le Salat[2]. Avec ses gens d'armes il avait pris
part à cette guerre de Gascogne, sous les ordres du comte
de Foix, qui l'avait fait chevalier en 1338 au siège de
Tartas[3] et qui, comme lieutenant du roi en Languedoc,
pour le récompenser de ses services dans les tractations
ayant abouti à la capitulation de Penne-d'Agenais, lui
avait fait don, le 29 mars 1339, d'une rente de quinze
livres de parisis[4].

« Arrivé peu après — en avril — à Paris, en compagnie de l'écuyer Guillaume Pons de Roqueville, Aimeri
de Roquefort alla avec lui trouver un graveur de sceaux
et lui fit la commande de celui que désirait le comte de
Foix, à ses armes. Ce petit sceau fut pour eux l'occasion
d'une cruelle mésaventure.

« Une surveillance était exercée par l'autorité publique
sur les graveurs de sceaux qui travaillaient à Paris, quelques-uns, sinon tous, dans l'enceinte du Palais du roi[5],
ce qui rendait d'autant plus facile cette surveillance, né-

---

1. Arch. nat., JJ 71, n°ˢ 238 et 246. Cf. *op. cit.*, t. IX, p. 508-
510.

2. Haute-Garonne, cant. de Salies-du-Salat.

3. Arnaud Esquerrier dans *Chroniques romanes des comtes de
Foix*, éd. F. Pasquier et H. Courteault, p. 49-50.

4. *Hist. gén. de Languedoc*, t. X, c. 840.

5. « Artifices seu operarios sigillorum in palacio nostro regali
Parisius » dans un texte de 1347, indiqué par Douët d'Arcq, *Collection de sceaux*, t. I, p. XXXVI.

cessaire en raison de la valeur juridique du sceau et des falsifications qui s'en faisaient parfois[1]. La commande faite par les deux envoyés de Gaston II de Foix parut suspecte; on crut avoir affaire à des faussaires : chevalier et écuyer furent arrêtés et emprisonnés au Châtelet, la matrice de sceau saisie et leur procès instruit par le Parlement. L'affaire était grave : moins de deux ans auparavant, le 22 juillet 1337, cette cour avait condamné un certain Jacques Galien à être pendu, pour avoir fabriqué un faux sceau du roi en étain[2].

« Aimeri de Roquefort et son co-accusé arguèrent de leur bonne foi devant le Parlement et comme ils purent offrir comme caution Pierre-Raimond de Comminges, que le roi Philippe le Bel avait fait chevalier lui-même le jour de la Pentecôte 1313, et qui était fils du comte de Comminges Bernard VIII[3], la cour consentit à les mettre en liberté provisoire jusqu'au 24 mai suivant, en attendant la fin de l'enquête.

« Heureusement pour eux, le comte de Foix put être averti et une lettre de lui au Parlement, dont l'arrêt contient le texte, écrite à Ax[4] le 24 avril, ne tarda pas à arriver à Paris. Elle était scellée « du grand sceau » de Gaston II, évidemment celui du typé équestre. Le comte y justifiait ses mandataires, le sceau armorial étant commandé pour lui et par son ordre; il requérait la cour de les mettre en pleine liberté et hors de cause et de leur rendre ce sceau, pièce à conviction du crime supposé.

« C'est ce que fit le Parlement par son arrêt rendu le 8 mai 1339[5], et Gaston II entra bientôt en possession de son sceau armorial, dont nous avons vu qu'il usa le 7 mai 1342. »

M. É. Fels, associé correspondant national, étudie les

1. *Loc. cit.*
2. Arch. nat., X[2]A, 4, fol. 179 v°, 180 r° et v°.
3. *Hist. gén. de Languedoc*, t. IX, p. 344.
4. Ax-les-Thermes (Ariège).
5. Déjà cité, p. 1, n. 3.

croisées d'ogives lombardes du xii° siècle, simples couvre-
joints des arêtes de la voûte, qui correspond rarement
avec son support. De ce fait, le système de voûtement
lombard à l'époque romane, loin d'avoir l'importance
qu'on lui prête, fut amené à un rapide déclin.

MM. Deshoulières, Deschamps et Serbat formulent
diverses observations.

Le commandant Lefebvre des Noëttes, associé correspondant national, attire l'attention de la Société sur l'absence du nasal, du camail et de la lance tenue à la botte
de l'étrier que l'on remarque dans les sceaux de Guillaume le Conquérant et de Guillaume le Roux alors que
ces accessoires se voient dans la tapisserie de Bayeux.

M. Lauer ajoute une observation.

Séance du 27 Mars.

Présidence de M. M. Prinet, président.

Ouvrages offerts :

Meurgey (J.). *Étude archéologique sur Saint-André de
Bagé, prieuré tournusien.* Macon, 1929, in-8°, pl.

Deshoulières (F.). *Au début de l'art roman. Les églises de
l'XI° siècle en France.* Paris, s. d., in-8°, pl.

Samaran (Ch.). *La chronique latine inédite de Jean Chartier (1442-1450).* Paris, 1928, in-8°.

M. Serbat, membre résidant, présente un travail de
M. J. Meurgey, associé correspondant national, la mo-
nographie de l'église bourguignonne de Saint-André de
Bagé.

M. Deshoulières, membre résidant, fait hommage d'un
livre qu'il vient de composer sur les églises du xi° siècle
en France.

M. Stein, membre résidant, présente la chronique latine inédite de Jean Chartier, publiée par M. Ch. Samaran, associé correspondant national.

M. J. Meurgey, associé correspondant national, signale une table des olim et des registres du conseil du
Parlement de Paris, composée par l'avocat Vincent au
début du XVIIe siècle :

« Le hasard nous a fait découvrir un document assez
curieux.

« Il s'agit d'une table des registres du Parlement de
Paris, composée par Vincent, avocat au même Parlement,
ainsi qu'en témoigne une mention manuscrite placée à la
fin du quatrième volume : « Fin de la table, *Laus Deo*,
« composée par le sieur Vincent, avocat ».

« L'auteur pourrait être identifié avec Jacques Vincent,
« avocat en Parlement, fils et seul héritier de Claude
« Vincent, conseiller d'Estat pour le Roy en l'eslection
« d'Estampes », ainsi qu'il s'intitule lui-même dans une
quittance conservée à la Bibliothèque nationale et datée
du 3 janvier 1650 (pièces orig. 3024, n° 66981, p. 7),
mais ce n'est là qu'une hypothèse.

« Le titre du manuscrit de Vincent est le suivant :

« Table ou répertoire en ordre alphabétique de toutes
« les matières publiques qui ont esté traittées dans le
« Conseil [1] du Parlement de Paris, sur les lettres patentes,
« édits et déclarations des roys, et autres affaires concer
« nant tous les officiers de France, tant en général qu'en
« particulier, messieurs les connestables, chancelliers,
« pairs de France, présidents, maistres de requestes,
« conseillers et gens du roy, gens des comptes, cour des
« aydes et des monnoyes, présidiaux, advocats, procu
« reurs, nottaires, huissiers et sergens, privilèges des
« villes et communautés, clergé de France, abbayes, bé
« néfices, archevesques, evesques, légats du Pape ; con
« tenant les séances des rois au Parlement, aussi les rè
« glements droits, rangs et séances des princes, cardi

---

1. Il s'agit donc bien de la série du Conseil et non de la série
des jugés.

« naux et des principaux officiers de France aux céré-
« monies, enterrements et assemblées publiques, et aux
« entrées des rois dans Paris ; érections des terres sei-
« gneuries en duchez, pairies, comtez et autres dignitez,
« les aliénations et rachats du domaine, rentes de l'hostel
« de ville, les aydes, tailles et impôts ; tout ce qui s'est
« passé par le faict de la religion, les concordats, les in-
« dultes, les appanages, les mariages des rois et des
« princes, les douaires et dots des reynes, les alliances
« avec les étrangers, et autres plusieurs matières avec les
« harangues, remontrances et difficultez que la cour a
« faites à la vérification. Le tout, extraict en manuscrit
« des registres du Parlement, depuis les registres appelez
« Olim commençant en l'année 1250, jusque l'année 1648
« inclus avec notte des jours, des mois et des années, de
« chacun acte pour avoir recours en cas de besoin aux
« registres originaux qui se trouvent au greffe du Parle-
« ment[1]. »

« Dans un avertissement, l'auteur explique que cet ouvrage « est composé de deux tables dont l'une commence
« par *le registre du parlement* appelé Olim parce que la
« plupart des actes qui y sont contenus commencent par
« ce mot *Olim*. Après laquelle suit une table générale de
« tous les autres registres du Parlement contenant les
« matières publiques depuis 1360[2] jusqu'à 1643 inclusi-
« vement ».

« Cet important manuscrit, qui est formé de quatre volumes in-folio de 800 pages environ chacun, d'une très
belle écriture postérieure à 1648[3], a appartenu à M. de

1. Il faut noter que ce titre n'est pas de la main de Vincent.
2. Cette date est assez surprenante, car le premier registre du
Conseil commence en septembre 1364. Et il semble bien que, déjà
au xv° siècle, on ne connaissait en fait du premier registre du Conseil que celui qui va de 1364 à 1372 (Grün, p. clii).
3. L'écriture est la même que celle du manuscrit des Archives
nationales, coté U 492 et conservé aux Archives nationales. Communication de M. Charles Samaran, notre très savant confrère, à
qui j'adresse mes plus vifs remerciements pour les avis éclairés
qu'il a bien voulu me communiquer sur ces manuscrits. D'après

Corbeilles, à M. Guérin, à Dongois[1], ainsi qu'en témoignent des mentions manuscrites ; il a été peu consulté. Les feuillets sont remarquablement bien conservés et intacts ; le papier n'a pas souffert, et l'on sent encore rouler sous les doigts le sable qui a servi à sécher l'encre.

« Il semble bien que nous soyons en présence d'une des plus anciennes tables connues de certains registres du Parlement. Elle n'a pas l'ampleur et l'abondance de détails qui caractérisent celle de Le Nain[2], étudiée par M. Léon Le Grand et ne peut la remplacer, mais elle est faite avec un grand soin, facile à consulter et donne d'utiles indications dont nous avons contrôlé l'exactitude en nous reportant aux registres que conservent les Archives nationales.

« L'auteur s'est surtout placé du point de vue juridique, mais il donne des renseignements précieux pour l'histoire des familles parlementaires dont il cite beaucoup de noms avec les dates de réception aux différentes charges.

« La table des articles que nous publions plus loin donnera une idée de ce mélange de renseignements historiques et juridiques. L'ordre alphabétique n'est pas toujours observé rigoureusement. Enfin, la plupart des affaires intéressent surtout le xvie et le début du xviie siècle.

M. Samaran ce registre U 492 serait une monture réduite au xviie siècle du même travail de Vincent. Ce qui est en plus dans ce dernier, c'est ce qui vient des deux premiers Olim et des registres du Conseil de 1360 à 1500 et de 1600 à 1648.

1. Dongois, cf. Arch. Nat.

U. 437, Mercuriales du procureur général et délibérations de la Cour, recueillies par le greffier Dongois ; 1607-1694.

U. 749-750, Mémoires sur l'origine et la tenue des Grands jours et des Échiquiers par le greffier Nicolas Dongois, 1666.

U. 1000-1002, Notes de M. Dongois, greffier au Parlement de Paris.

2. La table de Le Nain et les registres du Parlement de Paris dans le *Bibliographe moderne*, Paris, 1907, p. 92.

« On connaît sans doute de nombreuses tables des registres aussi bien dans les collections publiques que privées, mais il nous a paru curieux de signaler celle-ci pour les raisons suivantes :

« Une intéressante constatation résulte en effet d'un premier examen. Les deux premiers registres Olim[1] des Archives nationales, le recueil de Jean de Montluçon et de Nicolas de Chartres *ne peuvent* représenter le registre *Olim* dont parle et dont s'est servi l'avocat Vincent.

« Les dates extrêmes sont pareilles : 1254-1298, mais si la suite des affaires est la même dans les deux manuscrits, les feuillets ne concordent pas. En outre, les registres $X^1 A^1$ et $X^1 A^2$ sont plus minces. Ils n'ont respectivement que 198 et 121 feuillets. Le volume cité par Vincent devait être beaucoup plus épais puisque l'auteur renvoie au folio 516. De plus, il écrit : « Table *du re-gistre Olim* », « fin de la table *du registre Olim* », ce qui indique un manuscrit unique, alors que, pour la même période, les Archives nationales en possèdent deux.

« Aucune trace de cette foliotation de 1 à 516 n'apparaît dans les registres $X^1 A^1$, $X^1 A^2$, qui sont numérotés, le premier de 1 à 198, le second, de 1 à 121.

« La première partie de ce registre étudié par Vincent correspond — nous l'avons dit — comme dates (1256-1272) et, plus approximativement, comme succession d'affaires.

« On note, autre ressemblance, l'absence de tout renseignement sur le Parlement de 1295 à l'époque duquel Nicolas de Chartres était malade. De plus, si l'on numérote les folios 79 recto et verso, on obtient le chiffre 158. L'année 1272 se trouve, en effet, dans l'*Olim* de Vincent au fol. 158 et, dans l'Olim de Nicolas de Chartres, au fol. 79 ce qui est bien la moitié du chiffre précédent.

« Mais ensuite ce système de concordance ne joue plus. Le dernier arrêt du registre $X^1 A^1$ concerne les Juifs et figure au fol. 198. Dans la table de Vincent, on le trouve

1. Arch. nat., $X 1 A^1$ (Musée A E, II, 256) et $X, 1 A^2$.

mentionné au fol. 313, puis tout de suite après, fol. 314, commence la plainte du roi de France contre le roi d'Angleterre : *Homines de Baiona* (cf. X^1 A^2).

« Les derniers arrêts cités par Vincent, d'après son registre Olim, concernent Alain Nuz et Tournai, et figurent au fol. 516. Or, ils sont mentionnés au fol. 121 v° du registre X^1 A^2. En numérotant chaque feuillet recto et verso on obtient 242, mais pas 516. En additionnant 396, c'est-à-dire le chiffre obtenu en foliotant les 198 feuillets recto et verso du registre X^1 A^1, et 242, nous sommes plus encore loin de compte. Enfin dans le registre X^1 A^1 on remarque onze pages blanches, après le fol. 79. Le texte ne reprend qu'au fol. 85, et après le fol. 132, on trouve encore six pages blanches. De telles solutions de continuité n'apparaissent pas dans le registre Olim que Vincent a connu.

« Nous pensons donc avoir démontré que Vincent a eu entre les mains, au début du xviie siècle, un registre Olim différent de ceux que les Archives nationales conservent, pour la même époque.

« La seule explication possible c'est que Vincent s'est servi d'une copie en un volume des deux premiers volumes des Olim. Les 319 feuillets originaux avaient donné 516 feuillets à la copie ce qui est tout à fait normal.

« Si cette table n'apporte rien de nouveau pour les *Olim* elle est intéressante pour le dépouillement partiel qu'elle nous donne des registres du Conseil.

« Pour la fin du xive et pour la première moitié du xviie elle est assez nouvelle et peut-être utile aux historiens. »

M. Jean Vallery-Radot, membre résidant, présente une étude sur les chapelles hautes consacrées à saint Michel. Après avoir rappelé les origines du culte aérien dédié à l'archange, il passe en revue quelques-unes de ces chapelles, d'abord à l'époque carolingienne, celles de Centula (Saint-Riquier), de Saint-Gall, de Werden-sur-la-Ruhr, puis, à l'époque romane, celles des anciennes ca-

thédrales de Metz et de Toul, celles des églises de
Payerne, de Romainmôtier, de Saint-Benoît-sur-Loire,
de l'abbatiale de Cluny, restituée par M. K. Conant, de
Saint-Andoche de Saulieu, de Saint-Hilaire de Semur-en-
Brionnais et identifie les niches demeurées jusqu'à présent
plus ou moins mystérieuses de la cathédrale d'Autun et
de la Madeleine de Vézelay : ces niches devaient abriter
des autels consacrés à saint Michel.

« Il termine en montrant que l'emplacement tradi-
tionnel de ces chapelles de saint Michel au-dessus de la
porte principale des églises semble avoir exercé quelque
influence sur l'iconographie de certains portails romans
spécialement en Bourgogne. La lutte de l'archange contre
le démon est souvent représentée en effet sur les chapiteaux des portails ou sur les consoles qui soutiennent le
linteau du tympan. Il semble que saint Michel ait été
considéré comme le gardien par excellence de la porte
des sanctuaires et chargé d'en interdire l'accès au
démon : tel est du moins le sens d'une inscription gravée
sur le tailloir d'un chapiteau du portail du vieux Saint-
Vincent de Mâcon [1]. »

Le commandant Lefebvre des Noëttes, en réponse à
une question posée par M. de Mély, donne des explica-
tions complémentaires relatives à la communication qu'il
a faite dans une précédente séance.

1. Cette communication a fait l'objet d'un article paru dans le
Bulletin monumental, t. LXXXVIII (1929), p. 455.

EXTRAIT DES PROCÈS-VERBAUX

DU 2ᵉ TRIMESTRE DE 1929.

Séance du 3 Avril.

Présidence de M. M. Prinet, président.

Ouvrages offerts :

Charmasse (A. de). *Alone, aujourd'hui Toulonjon. Histoire d'un coin de terre.* Autun, 1928, in-8°.

Deglatigny (L.). *A propos des plans de F. Ameline.* Rouen, 1929, in-8°.

Favret (Abbé). *Glozel. La Commission internationale. Les à-côtés.* Paris, 1929, in-8°.

Frotier de la Messelière (Vᵗᵉ H.). *Ascendances et parentés.* Saint-Brieuc, 1929, in-fol.

M. G. Huard, membre résidant, fait ressortir l'intérêt d'un passage du roman du Mont-Saint-Michel, de Guillaume de Saint-Pair, qui explique la reproduction, au début du xiiᵉ siècle, dans la cathédrale d'Avranches, du plan de l'église abbatiale de Fécamp. Il commente ensuite un passage du *chronicon abbatum Fiscannensium* (Bibl. nat., lat., 12778, fol. 101 v°), mentionnant la construction par l'abbé Raoul d'Argence, de la « medietatem navis ecclesiae... cum duabus turribus anterioribus », texte qui permet de rectifier celui de Labbe (Nov. bibliotheca, t. I, p. 328) où figurent d'énigmatiques « turres acervorum ».

MM. Aubert, Michon et Serbat ajoutent quelques observations.

Séance du 10 Avril.

Présidence de M. M. PRINET, président.

Ouvrages offerts :

CARCOPINO (J.). *Correction au Brutus XXVIII.* Paris, 1929, in-8°.

CHAPOT (V.). *Astos.* Bordeaux-Paris, 1929, in-8".

GRIVEAUD (M.). *Vesoul. Ses vieilles rues. Ses vieilles maisons.* Besançon, 1929, in-8°.

Le commandant Lefebvre des Noëttes, associé correspondant national, étudie les chars sumériens des tombes 777 et 789 à Our.

« Les chars gravés sur les coquillages de la tombe 777 sont semblables à celui de la stèle des vautours. Ils ont, comme lui, un parapet antérieur étrésillonné en X et surmonté d'une rampe porte-guides, un carquois à javelots à gauche du parapet, et un porte-guides fixé sur le timon.

« Sur les chars de la tombe 777 et de la stèle, comme sur les chars des cylindres chaldéens archaïques, le parapet porte-guides est figuré de face sur le véhicule de profil. Il en est de même du porte-guides de timon.

« Sur les coquillages de la tombe, comme sur les cachets chaldéens, les chars n'ont en réalité que deux roues, placées conventionnellement l'une derrière l'autre. En l'absence de l'avant-train tournant, inconnu des anciens, le char de guerre ne pouvait être qu'à deux roues.

« Les roues des chars de la tombe sont composées de trois segments assemblés par des traverses, comme celles du char au félin d'Our. Les chars de la tombe n'ont pas de marchepied, les deux occupants sont debout, à la même hauteur sur le plancher du char. Il en est de même sur la stèle des vautours, autant qu'on peut en juger, car on ne voit du deuxième occupant que les franges inférieures de son *kaunakès*. C'est en vertu d'une convention archaïque que ces deux occupants sont placés l'un derrière l'autre, car en réalité le guerrier ne pouvait combattre que placé à côté du cocher, à sa droite, comme sur les bas-reliefs assyriens.

« Les guerriers de la tombe ont le même casque en bonnet pointu, recouvrant la nuque et les oreilles, que celui du guerrier de la stèle et le même *kaunakès* passant sous le bras droit. Ils brandissent leur javelot du même geste.

« Le harnachement de la tombe 777 est du système antique à traction par la gorge. Il comprend trois organes : le *collier* orné d'une frange en mèches de toison, le *joug* et le *timon*. Il lui manque la *sangle de reculement et gouverne*, quatrième organe et complément du harnachement antique tel qu'il sera plus tard chez les Égyptiens, Assyriens, Grecs, Romains... jusqu'aux premiers Capétiens.

« Les équidés harnachés et non attelés, de la tombe 777, tiennent de l'âne par leur forte tête et leur ligne de dessus presque droite et horizontale.

« Les équidés attelés s'apparentent plutôt au cheval oriental, par leur tête relativement petite et leur ligne de dessus ondulée et légèrement ensellée.

« Au bout du nez de ces équidés de trait, attelés ou harnachés, on voit un mors annulaire, représenté conventionnellement de face comme le porte-guides.

« Les Sumériens eurent-ils des chars de guerre attelés d'ânes? En l'absence de preuve indéniable, on peut en douter, car le cheval était vraisemblablement domestiqué, ainsi que l'âne, en Asie Mineure dès le 4ᵉ millénaire, et son éclatante supériorité au combat ne pouvait, semble-t-il, échapper aux contemporains.

« La charrerie antique ne chargeait pas en vue du choc; sa tactique était basée sur l'emploi des armes de jet. Seuls les chars à faux, inventés par Cyrus, étaient destinés au choc, mais leur efficacité fut à peu près nulle.

« Dans la reconstitution de la tombe 789, les deux panneaux latéraux dont sont dotés les chars à bœufs,

sont une interprétation fautive du parapet figuré de face
sur les coquillages de la tombe 777.

« Même observation pour les roues qui vraisemblablement ne sont qu'au nombre de deux par char, car ces derniers sont des chars de guerre avec leur arsenal en
place. »

M. Jules Formigé, membre résidant, montre l'étude de
restitution qu'il vient de faire pour le trophée d'Auguste
à La Turbie :

« Cette étude fait suite à celle que M. Jean-Camille
Formigé a présentée en 1910 à l'Académie des inscriptions et belles-lettres [1] et n'a pour but que de la compléter
sur plusieurs points.

« 1° M. Jules Formigé a appliqué les indications données
par Vitruve [2] sur les règles de la conception architecturale : module, rythme modulaire, composition géométrique. Cette application a donné la vérification des parties conservées et en même temps les mesures des parties disparues. M. Jules Formigé a pu ainsi dessiner une
restitution du trophée d'Auguste qui, tout en respectant
les éléments de celle de M. J.-C. Formigé, en modifie la
proportion, la nouvelle restitution étant beaucoup plus
élancée. Cela se comprend d'autant mieux que le trophée
placé au point culminant de la voie était toujours vu en
contrebas, de sorte que la perspective tendait à diminuer
sa hauteur : il était donc indiqué d'augmenter le plus possible cette hauteur.

« 2° Ayant remarqué que le corps central circulaire du
trophée gardait encore de larges plaques du mortier romain sur sa paroi extérieure, qui est d'ailleurs mal appa-
reillée, il en a conclu que ce corps central était revêtu de
marbre. Cette hypothèse fait comprendre l'expression
« tour de marbre » employée pour le trophée érigé par

1. *Comptes-rendus des séances de l'Académie des inscriptions
et belles-lettres*, 1910, p. 76 et suivantes et p. 509 et suivantes.

2. Vitruve : I, II; III, I; V, VII; VI, II et III.

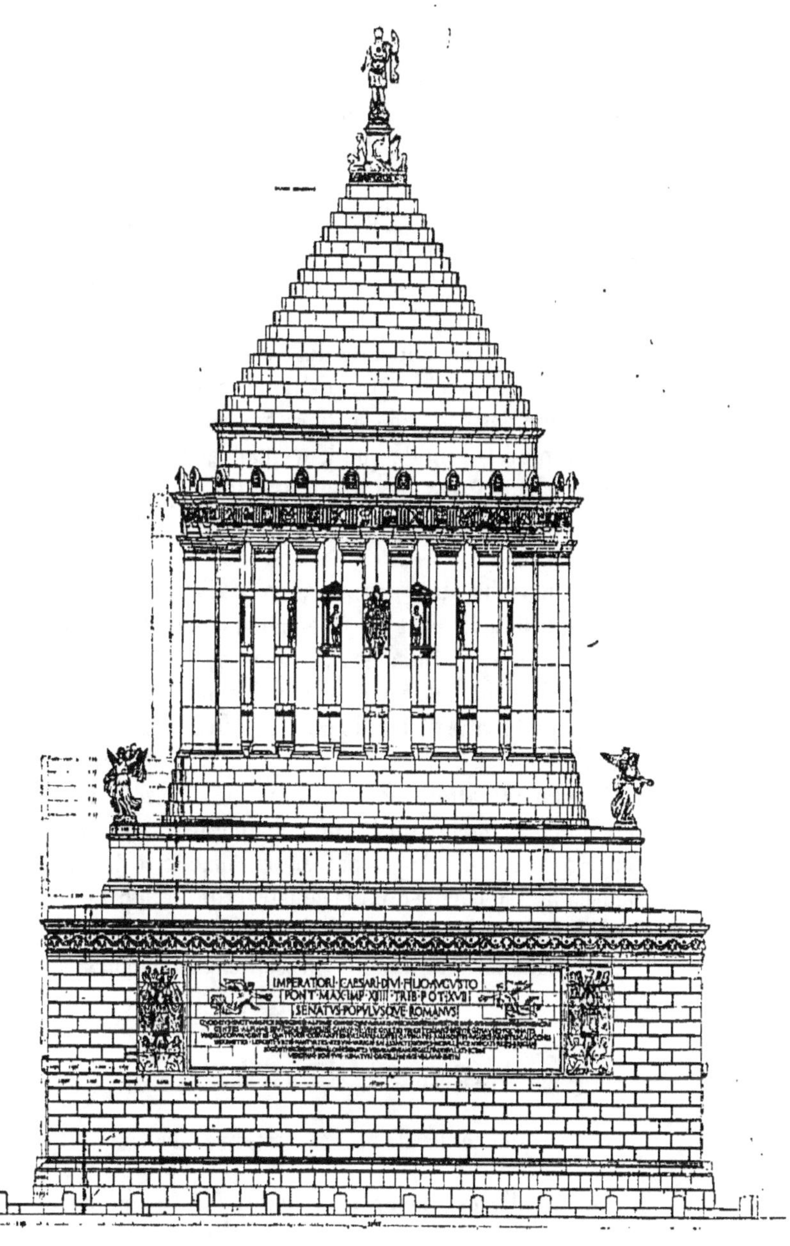

RESTITUTION DU TROPHÉE D'AUGUSTE A LA TURBIE

(ALPES-MARITIMES)

Domitius et Fabius en 121 au confluent de l'Isère et du Rhône après leur victoire sur les Allobroges.

« Ce revêtement de marbre existait aussi à la tour de Vésone à Périgueux.

« 3° La restitution de l'inscription donnée par M. J.-C. Formigé est vérifiée et complétée par les nouveaux fragments de lettres découverts dans les fouilles plus récentes.

« Il y a maintenant soixante-dix-huit fragments connus.

« 4° Les quatre vides qui avaient été considérés uniquement comme des cages d'escaliers ont eu sans doute un second emploi. Il semble que leurs parties basses étaient occupées par quatre salles, peut-être des chambres funéraires, au-dessus desquelles les escaliers se développaient.

« On comprend ainsi assez facilement l'effet des mines de 1705 qui détruisirent les faces nord et sud du soubassement en laissant intactes les faces est et ouest. Les faces détruites étaient, en effet, trouées par les vides des salles et des escaliers, tandis que les autres étaient massives.

« Ces considérations nouvelles ont été mises en application pour la confection d'une maquette restituée du trophée d'Auguste à 0^m025 par mètre, maquette destinée au musée de La Turbie dont la construction sera prochainement achevée. »

MM. Blanchet et Chapot présentent plusieurs remarques.

Séance du 17 avril.

Présidence de M. M. PRINET, président.

M. Deshoulières, membre résidant, fait la communication suivante :

« On sait que l'église primitive de Saint-Germain-des-Prés fut élevée en 537, en l'honneur de la sainte Croix et de saint Vincent. Quelques textes nous permettent

d'avoir une idée de ce qu'elle devait être à cette époque,
« Fortunat la décrit ainsi :

> *Splendida marmoris attolitur aula columnis*
> *Et quia pura manet gratia major inest*
> *Prima capit radios vitreis occulta fenestris*
> *Artificeque manu clausit in arce diem*[1].

« Ce qui nous apprend que la nef était supportée par
des colonnes de marbre et qu'elle était éclairée par des
fenêtres vitrées.

« D'autre part, l'auteur de la vie de Droctové, premier
abbé du monastère, dans les *Acta sanctorum* des Bollandistes[2], non seulement vante les fenêtres de l'édifice, les
mosaïques de son pavement, les peintures de sa décoration, sa toiture revêtue de plaques dorées, mais il fait
allusion à quatre autels dont l'un était orienté à l'ouest.

« Enfin, pour donner encore plus de précision, des
fouilles faites en 1876, à l'emplacement du fond du croisillon méridional, ont mis au jour un petit hémicycle
orienté au sud.

« Pour se faire une idée exacte du plan de l'édifice il
serait nécessaire d'avoir un relevé exact de ces fouilles.
Malheureusement, celles-ci ne sont relatées que dans des
notes accompagnées de croquis sans échelle[3]. Cependant nous avons une photographie qui ne laisse aucun
doute sur l'existence de l'orientation de cet hémicycle.

« Il y a tout lieu de croire que le croisillon nord se
terminait par un hémicycle semblable, et, dès lors, nous
avons l'emplacement de trois des autels signalés dans la
Vie de saint Droctové. Quant au quatrième, qui était orienté
à l'ouest, il trouvait sa place vraisemblablement dans une
abside occidentale opposée au chœur.

---

1. *Fortunati carmina*, L. II, ch. x.
2. *Vita sancti Droctovi. Acta sanctorum apud Bolland*, Martii,
t. II, p. 38-39, 10 mars.
3. Bibl. hist. de la Ville de Paris, fond Vaquer, dossier 19, *passim*.

« Nous aurions donc à envisager un plan à quatre lobes disposés autour d'un monument beaucoup moins important que l'église actuelle, car on sait que le 25 juillet 754, le corps de saint Germain fut transféré dans l'église placée désormais sous son vocable, de l'église Saint-Symphorien où il reposait[1], laquelle s'élevait au sud, là où est actuellement le bas-côté de la première travée de Saint-Germain-des-Prés. Ce plan, à l'époque, serait anormal pour une église ordinaire, mais il ne faut pas oublier que le roi Childebert fut enterré dans le monument qu'il avait fait construire, que c'est là que reposa sa femme, que l'édifice, enfin, fut la nécropole de la dynastie mérovingienne.

« Sans vouloir suivre l'auteur des fouilles, dans la restitution dont il a crayonné le croquis sur une note, et qui justement avait mal impressionné Lefèvre-Pontalis, on peut, il me semble, envisager l'église Sainte-Croix et Saint-Vincent comme une église funéraire au plan quadrilobé, ce qui n'a rien d'invraisemblable et ne serait pas une nouveauté au vi⁰ siècle. »

MM. Blanchet et Aubert formulent diverses observations.

Séance du 24 Avril.

Présidence de M. M. PRINET, président.

Ouvrages offerts :

AUBERT (M.). *L'église Saint-Front de Périgueux.* Paris, 1929, in-8⁰, une pl.

Camille Enlart, 1862-1927. Paris, 1929, in-8⁰, une pl.

CARCOPINO (J.). *Les lois agraires des Gracques et la guerre sociale.* S. l. n. d., in-8⁰.

COROT (H.). *Notes pour servir à l'étude de la haute antiquité*

1. *Martyrologe d'Usuard,* apud Migne, *Patrol. lat.,* t. CXXIV, p. 296, et *Boll., Acta sancti.* Mai, VI, p. 725.

en Bourgogne. *Les tumulus de Mailly-le-Château*. Auxerre,
1929, in-8°.

Leblond (V.). *L'église Saint-Étienne de Beauvais*. Paris,
1929, in-8°, un plan.

Lefebvre des Noëttes (C[t]). *Deux réponses à un article de
MM. Kingsley Porter et Loomis*. S. l. n. d., in-4°.

M. H. Stein, membre résidant, expose que, au xive siècle
déjà, la cathédrale de Meaux, de même que beaucoup
d'autres de nos vieux monuments, était enserrée
d'échoppes et de boutiques qui nuisaient à la solidité et
à la bonne conservation de l'édifice. Plusieurs fois démo-
lies et rebâties, ces constructions parasites n'ont disparu qu'à la suite de la grande restauration de la cathédrale au milieu du xixe siècle.

M. M. Aubert, membre résidant, soumet à la Société
les relevés, exécutés par M. Huignard, d'une petite salle
de l'hôtel de Jacques Cœur, à Bourges, voisine des cui-
sines, et qui n'était autre que des étuves, comme le
prouvent les dispositions du dallage et le curieux système
d'adduction et d'évacuation des eaux.

M. Jules Maurice, membre résidant, fait la communication suivante :

« Il y a lieu d'accorder une grande importance aux
lois sur le sacrilège pour comprendre la fin du paganisme
et suivre la transformation de la Majesté impériale à la
fin du ive siècle et au ve. La première loi qui concerne le
crime du sacrilège tel qu'il est caractérisé par la jurisprudence de la fin de l'empire est la première du titre du
Code Justinien : *De crimine sacrilegii*[1]. Elle faisait partie
d'un vaste édit dont un autre fragment nous a été conservé dans le Code Théodosien[2]. L'ignorance, la non-ap-
plication des règles chrétiennes deviennent des sacrilèges.
Les évêques eux-mêmes, ainsi que l'a très bien montré

1. Cod. Just., IX, 29, 1, et Theod. XVI, 2, 25 du 27 février 380.
2. Theod., XVI, 1, 2, du 27 février 380.

Godefroy[1], deviennent sacrilèges par ignorance ou par négligence.

« Mais il faut savoir quelle règle suivre, et c'est ce qu'établit la loi du Code Théodosien en question :

« Cunctos populos, quos clementiae nostrae regit tem-
« peramentum, in tali volumus religione versari, quam
« divinum Petrum apostolum tradidisse Romanis religio
« usque ad nunc ab ipso insinuata declarat, quamque
« pontificem Damasum sequi claret et Petrum Alexan-
« driae episcopum, virum apostolicae sanctitatis. »

« Ceux qui n'auront pas obéi à cet édit, qui ne se seront pas tenus dans la foi de Damase et de Pierre encourront donc la vengeance (ultionem) de l'empereur.

« Ce qui est nouveau, ce n'est pas la condamnation de l'hérésie, c'est le rôle de chef religieux pris par l'empereur. Une autre loi de 380 introduit pour la première fois le mot de péché dans la langue juridique[2].

« Les préfets du prétoire sont autorisés à punir certaine faute grave (peccatum gravissimum) d'une amende de cinquante livres d'or. Sans doute l'empereur s'est senti responsable dès le règne de Constantin le Grand des fautes de ses subordonnés[3], mais il ne s'est pas posé en chef religieux. Il ne le pouvait pas étant grand pontife païen quoique empereur chrétien. Or, c'est après avoir failli mourir de maladie, à la fin de l'année 379, que Théodose a pris plus fortement en main les rênes du gouvernement religieux, mais pour qu'il pût le faire, il fallait qu'il fût libre de toute attache avec le paganisme. C'est pourquoi je serais porté à accorder une valeur de fait à la légende de Zosime qui veut que Gratien ait rejeté le grand pontificat[4]. Sans doute il s'agit d'une légende comme celle que l'on trouve dans le même auteur sur le baptème de Constantin. Tout est faux dans cette légende

1. Godefroy, t. VI, p. 58. — Voir Cuq, article *Sacrilegium* dans *Dict ant. grec et rom.*, t. IV, p. 986 et suiv.
2. Cod., I, 54, 4 (380).
3. *Constantin le Grand*, p. 146. — Theod., IX, 1, 4 (325).
4. Zosime, *Histoire*, IV, 36, in fine.

sauf la réalité du baptême que Constantin a réellement reçu à la fin de sa vie. Il en peut être de même de l'abandon du grand pontificat par Gratien à l'avènement de Théodose... Des inscriptions prouvent qu'il a d'abord été grand pontife [1], mais ne s'opposent pas à ce qu'il ait abandonné ce rôle à la fin de son règne [2]. Il ne faut pas oublier que l'influence de saint Ambroise était la même sous Gratien et sous Théodose et que la première vertu qu'il recommande étant la diligence [3], les empereurs la comprirent à leur manière, ce qui amena même de graves conflits entre saint Ambroise et Théodose. M. Cuq dans le magistral article qu'il a écrit dans le *Dictionnaire des Antiquités grecques et romaines* a énuméré les diverses sortes de sacrilèges qu'on pouvait commettre sous le bas-empire [4]. Je ne puis qu'y renvoyer. Mais je voudrais en détacher ce qu'il appelle « Inobservations des décrets de « l'empereur » et que j'appellerais *sacrilèges administratifs.* Les fautes indiquées mettent en lumière le caractère, nouveau, religieux, de la toute-puissance impériale qui sera celui qu'elle gardera à Byzance.

« Il faut indiquer la loi de 385 [5], d'après laquelle celui qui demande une fonction dans la province où il est né commet un sacrilège; à moins qu'il n'y ait été autorisé par les divines paroles de l'empereur (*per divinos affatus*). Et pourtant l'adjectif divin ne doit pas tromper. C'est le même Théodose qui en 393 dans la loi unique [6] du titre : « Si quis Imperatori maledixerit », renonce à poursuivre

----

1. Voir à cet égard M. Martroye qui a réuni ces inscriptions dans une communication aux Antiquaires de France (*Bulletin*, 1928, p. 192).

2. Je reconnais que ce serait énorme qu'il eût renvoyé les ornements pontificaux. Pourtant il se présente une occasion exceptionnelle de le faire; ce fut en 379 lorsque Gratien éleva Théodose au rang d'empereur et d'autre part fixa les règles de la juridiction ecclésiastique.

3. Ambroise, lib. I, *De officiis : caput I.*

4. Article sur le *sacrilegium, Dict. ant. grec. et rom.*, t. IV, p. 985-986.

5. Cod. Just., IX, 29, 3.

6. Théod., IX, 4, 1.

les insultes à la Majesté impériale. C'est qu'en effet le
prince n'est plus un dieu, mais il a un nouveau caractère
sacré qui provient de ce qu'il représente la religion et qu'il
parle en son nom. C'est à ce titre de chef religieux
qu'en 383 il retire le droit essentiel du citoyen romain,
celui de tester, aux chrétiens qui ont apostasié [1].

« Jusqu'à Gratien la Majesté impériale avait un caractère païen. C'est pour cela que les procès de magie, dont
j'ai parlé ailleurs, ont fait tant de victimes. Toute consul-
tation magique dégénérait en crime de lèse-majesté.
Lorsque l'empereur cessa d'être un dieu, le crime de
magie fut moins sévèrement puni. On désignait sous le
nom de « mathematici » aussi bien les magiciens que les
astrologues. Or, nous lisons dans la dernière loi du titre
(de maleficis et mathematicis), loi promulguée par Honorius et Théodose II, que les « mathematici », s'ils ne sont
pas prêts à brûler les livres où sont contenues leurs erreurs sous les yeux des évêques et à promettre de ne
jamais retourner à ces fausses doctrines, seront chassés,
écartés, non seulement de Rome, mais de toutes les cités [2].
S'ils n'obéissent pas, ils seront punis de la déportation.
Les terribles procès de magie racontés par Ammien Marcellin [3] prouvent que les peines appliquées aussi bien aux
astrologues qu'aux magiciens, sous Constance II, Valentinien Ier et Valens, étaient la torture, puis la peine capitale et souvent le feu. On voit combien la pénalité s'est
adoucie depuis que l'empereur est un chef religieux
chrétien. La retraite dans les campagnes n'était pas une
peine extraordinaire, et nous lui devons peut-être, en
partie, la longue persistance de la magie et de l'astrologie dans les campagnes.

« L'adoucissement de la pénalité provient de ce que la
magie et l'astrologie, rentrant dans le péché d'idolâtrie

1. Theod., XVI, 7, 2. — Les apostats sont *absque jure Romano*.
2. Théod., IX, 16, 12 (409).
3. Liv. XXVIII et XXIX, Ammien Marcellin, voir mon article
dans les Variétés de la *Revue historique de droit français et
étranger; 1927*, p. 108 et suiv.

suivant la doctrine de l'Église[1] ; celle-ci ne réclame pas
autre chose que des condamnations spirituelles. Les empereurs y ajoutent l'exil et la déportation, pour le bon
ordre de l'empire.

« C'est la police de l'empire qui l'exige et déjà en 389
Valentinien le Jeune, Théodose et Honorius ont, pour ré-
tablir l'ordre à Rome, ordonné de remettre à la Justice et
défendu d'exécuter sommairement, comme ennemis publics, ceux qui, notamment parmi les cochers du cirque,
se servaient de maléfices pour atteindre leurs buts[2]. On
sait quelle importance désastreuse avaient prises les con-
jurations magiques[3] au cirque.

« Mais bientôt le paganisme était condamné, de 391
à 394, par des lois d'une portée générale[4], ce qui ne veut
pas dire qu'il disparut, mais enfin il fut condamné à ne
plus exister officiellement après la fermeture des temples
d'Égypte[5] et de Rome.

« On peut toutefois remarquer que ce ne fut qu'en 408,
année féconde en mesures prises contre les païens et les
hérétiques[6], après la chute de Stilicon, que fut promulguée par Honorius une loi qui interdisait toute carrière publique aux païens.

« Eos qui catholicae sectae sunt inimici, intra pala-
« tium militare prohibemus, ut nullus nobis sit aliqua
« ratione conjunctus, qui a nobis fide, religione discor-
« dat[7]. »

« J'ai montré dans mon « Constantin le Grand » que le
palais comprit, à partir de ce règne, toute la noblesse active de l'empire, tous les hauts fonctionnaires et que

1. Saint Athanase, dans *Migne*, XXVI, coll. 319.
2. Théod., IX, 16, 11 (16 août 389).
3. Ammien Marcellin, XVI, 10 et 11.
4. Théod., XVI, 10, 12, XI, 8, 20 et XVI, 5, 22. La loi XVI, 10,
12 atteint encore en fait surtout les consultations magiques.
5. Théod., XVI, 10, 11.
6. La loi du Code Théod., XVI, 10, 19 ordonne la démolition
des temples païens sous la surveillance des évêques.
7. Théod., XVI, 5, 42 (14 novembre 408).

l'entrée dans le palais, qui faisait échapper aux charges de la bourgeoisie, permettait l'ascension vers les plus hauts sommets de la hiérarchie. Militer dans le palais, c'était pouvoir parvenir à tous les honneurs [1]. L'ancienne noblesse sénatoriale généralement païenne fut donc exclue des honneurs. Sans doute cette loi, pas plus que les précédentes, ne sera longtemps observée, à cause des désordres qui rempliront les dernières années de l'empire d'Occident [2].

« Mais il n'en est pas moins vrai qu'en 408, l'empereur devenu chef religieux chrétien a interdit pour la première fois toute carrière aux païens. Il a abandonné totalement la politique de tolérance religieuse. »

MM. Martroye, Carcopino, Collinet et Zeiller ajoutent plusieurs remarques.

Séance du 1er Mai.

Présidence de M. M. PRINET, président.

Ouvrages offerts :

MONTANDON (R.). *Bibliographie générale des travaux paleth-nologiques et archéologiques*. France, 1er suppl. du t. II, Paris, 1929, in-8º. — 1er suppl. du t. III. Paris, 1928, in-8º.

VALLERY-RADOT (Jean). *Le premier art roman de l'Occident méditerranéen*. S. l. n. d., in-4º.

VARILLE (M.) et LOISON (D.). *L'abbaye de Saint-Chef en Dauphiné*. Lyon, 1929, in-8º. pl.

M. le comte A. de Laborde, membre résidant, fait hommage, au nom des auteurs, de l'ouvrage de MM. Va-

1. Constantin le Grand, *Tranformation du droit public*, p. 149 et suiv., 163.
2. *Sous l'influence de Jovius*, etc.

rille, associé correspondant national, et Loison, sur l'abbaye de Saint-Chef en Dauphiné..

M. M. Aubert, membre résidant, fait hommage, au nom de M. J. Vallery-Radot, membre résidant, du travail de notre confrère sur le premier art roman de l'Occident méditerranéen.

MM. Jean Verrier et le commandant Lefebvre des Noëttes sont élus membres résidants.

M. Félix Lebreton est élu associé correspondant national pour le département du Doubs.

M. P. Vitry est prorogé dans ses fonctions de membre de la commission des fonds, par suite du décès de Mgr Batiffol.

Séance du 8 Mai.

Présidence de M. M. PRINET, président.

Le commandant Lefebvre des Noëttes, membre résidant, montre les photographies d'un vase hindou du British Museum, travail de cuivre ciselé datant du Ier siècle de l'ère chrétienne, où l'on voit figurées des lanières de cuir attachées aux tapis de deux chevaux montés et qui vraisemblablement constituent le plus ancien essai d'un soutien pour les pieds des cavaliers. .

M. J. Carcopino, membre résidant, lit une note de laquelle il ressort que : 1° la rencontre, à Rome, d'Octave retour de Gaule, avec Livie, retour d'exil, n'a pas eu lieu avant septembre 39 av. J.-C. La première allusion à l'amour du triumvir pour la femme de Nero est indiquée par Dion Cassius (XLVIII, 34, 3), à l'occasion de la *depositio barbae* d'Octave, fêtée le jour de ses vingt-quatre ans le 23 septembre 39 av. J.-C.; 2° qu'une fois accompli le divorce de Livie d'avec Nero et la répudiation corréla-

tive de Scribonie par Octavien, celui-ci s'est fiancé à Livie au cours d'un banquet donné par Nero (Dion,
XLVIII, 44, 4) et l'a, incontinent, emmenée chez lui, où,
peu après, elle a mis au monde le second fils de Nero,
Drusus (Tac., *Ann.*, IV, 4); 3° que la cérémonie de son
mariage avec Livie a suivi cette naissance (Epitome, I,
26).

« Il est possible d'ailleurs de démontrer que Livie n'a
pas habité chez Octave avant décembre 38 av. J.-C.,
puisque alors et, de l'aveu de Velleius (II, 94, 1), Tibère,
né le 16 novembre 42 av. J.-C., avait déjà trois ans.
En outre, il est établi par le rapprochement du calendrier
de Verulae, qui fixe le *natalis* d'Antoine au 14 janvier,
avec le chapitre xi de la vie de Claude par Suétone, qui
constate la coïncidence de ce *natalis* avec celui de Drusus, que la naissance de ce dernier a eu lieu le 14 janvier
38 av. J.-C. Enfin, le même calendrier de Verulae permet de fixer au 17 janvier 38 av. J.-C. le mariage officiel
de Livie et d'Octave. »

M. J. Zeiller, membre résidant, comme suite à la communication faite par M. Maurice dans une précédente
séance, revient sur le sens de l'épithète *divus* appliquée
aux empereurs chrétiens.

MM. Maurice, Martroye et Millet formulent plusieurs
observations.

Séance du 15 Mai.

Présidence de M. M. PRINET, président.

Le président fait part du décès de M. G. Schlumberger; membre honoraire, prononce l'éloge du vénéré
doyen de la Compagnie et se fait l'interprète auprès de la
famille de M. G. Schlumberger de tous nos regrets. Il
propose de lever la séance en signe de deuil. Cette proposition est adoptée à l'unanimité.

Séance du 22 Mai.

Présidence de M. M. Prinet, président.

Ouvrages offerts :

Carcopino (J.). *Ostie.* Paris, 1929, in-8°.
Prinet (M.). *Le nom et les armes de Garnier, comte de Gray, au Musée de Versailles.* S. l. n. d., in-8°.
— *Sceau de la prévôté d'Herblay.* Paris, 1928, in-8°.

M. M. Aubert, membre résidant, lit une note de M. Duhem relative aux étuves de Guéméné-sur-Scorff (Morbihan) qui remontent au XV⁰ siècle et subsistent sur l'emplacement, aujourd'hui désert, de l'ancien château. Il souhaite que ce rare exemple d'étuves privées du moyen âge puisse être conservé.

MM. Deshoulières, Michon, de Mély, Huard et Serbat présentent plusieurs remarques.

M. de Mély, membre résidant, fait la communication suivante sur les Encolpia funéraires :

« Lorsque j'ai eu l'honneur de vous apporter en 1924[1] une brique, avec une figure entourée de rayons, qui venait d'être trouvée à Périgueux, dans les dragages de l'Isle, j'éprouvai une certaine inquiétude. Qu'était ce? Était-elle même ancienne? Mais quand M. Ét. Michon eut bien voulu me signaler, dans le Musée chrétien du Louvre, une tuile identique, provenant de la cathédrale de Séez, puis une autre découverte à Saint-Denis, enfin que M. Serbat eut la complaisance de m'en faire connaître un quatrième exemplaire, découvert à Saint-Mathurin en Maine-et-Loire, aujourd'hui au musée d'Angers; comme toutes ces tuiles avaient été trouvées, solitaires,

---

1. Voir *Bulletin de la Société des Antiquaires de France*, avril, juin 1924, p. 162, 191; mai 1925, p. 237; avril 1926, p. 176; juin 1927, p. 191.

dans des cimetières ou dans des tombeaux du haut moyen âge, je commençai à me rassurer. J'ai pensé alors pouvoir émettre l'hypothèse que c'était des *encolpia* funéraires, *ectypa* de la toile d'Abgare d'Antioche, déposés dans les cercueils sur le corps des défunts pour les protéger pendant l'Éternité.

Comme j'avais rencontré au Musée Cernuschi une toile chinoise, découverte à Tokto, non loin de Si-ngan-fou, dont nous connaissons les rapports avec les Nesto-

Tuile du cimetière de Saint-Palais (Cher)

riens d'Asie Mineure, et dont la stylisation se rapprochait du même type, puis, au British Museum, une figure du Christ, byzantine, en bronze, qui en était proche parente, enfin encore deux amulettes portatives chinoises de la même série, je publiai un petit *corpus* de ces figures fort curieuses, dans un volume intitulé *De Périgueux au Fleuve jaune*. Il n'a pas été inutile.

M. R. Crozet, professeur agrégé d'histoire au lycée de Châteauroux, veut bien, en effet, me signaler une brique du même type, découverte naguères dans le cimetière de Saint-Palais (Cher), dont on ignore malheureusement actuellement le sort. Mais une hélio, qui accompagnait une communication de M. Henry Ponroy à ses confrères des Antiquaires du centre de la France (t. XIII,

1883, p. 158), nous permet d'en parler en connaissance de cause.

Si sa forme, son sujet sont bien les mêmes que ceux de la tuile de Périgueux, ses dimensions en sont quelque peu différentes. Elle mesure 0m21 de hauteur, 0m13 de largeur, 0m008 d'épaisseur. Elle est de terre grossière, de couleur gris-rouge. Comme sur celle de Périgueux, la figure est entourée de rayons, cellulaires par exemple, qui forment un véritable nimbe ajouré, comme d'orfèvrerie; les oreilles sont également très écartées de la

Tuile chinoise coll. Wannieck

tête; mais la figure est plus jeune, moins archaïque; elle semble donc dater d'une époque moins reculée que celles que nous connaissons. Au centre du fronton triangulaire, encadré d'une petite bordure en dents-de-scie qui la surmonte, nous voyons la même croix grecque.

Dans son étude, M. H. Pomroy signale d'autres briques, de même forme, trouvées également dans des cimetières du centre de la France, mais décorées de sujets différents : à Gresin (Puy-de-Dôme), c'est un guerrier en marche, qui rappelle probablement une de ces amulettes talismaniques que la religion chrétienne emprunta aux pierres gravées antiques qui ornaient les reliquaires et que j'ai publiées autrefois dans la *Revue de l'art chrétien* 1893 ; à Branges Saône-et-Loire , c'est un fragment incomplet, avec un A entouré par une portion de palme ; probablement AΩ entre deux palmes.

« Mais ce qui est nouveau sur la tuile de Saint-Palais,
ce sont les deux petits cartouches du bas, dans lesquels
on peut lire, de droite à gauche, en lettres inversées, en
relief, le nom de MATTHEVS. Est-ce Sanctus Mattheus,
comme on l'a suggéré? Je ne le pense pas : je crois que
pour un saint, pour une série, le moule aurait été plus
soigneusement établi. D'ailleurs, le nom ne devrait-il pas
être tout au-moins précédé d'un S? J'opinerais donc, plutôt, à voir là le nom du défunt imprimé en creux dans la
matrice, de gauche à droite, en caractères peut-être mobiles, qui dès lors se sont reproduits en relief, de droite
à gauche. Ce nouvel échantillon vient donc prendre dans
le Corpus une place qui n'est pas sans intérêt, car il
semble bien prouver que ce n'est pas un antéfixe.

« Et comme les choses se rapprochent bien souvent
d'elles-mêmes, alors que j'étudiais tout récemment chez
M. Wannieck, une de ces poteries néolithiques, découvertes il y a deux ans par M. Anderson, près du lac Kho-
khonor, au centre de la Chine, en Mongolie, il me mon-
tra deux tuiles qui venaient de lui arriver. Au premier
abord, elles paraissent absolument semblables à celles
de Tokto (*Bulletin des Antiquaires*, 1924, p. 195). Mais à les
examiner attentivement, elles sont au contraire bien différentes. Celle de Tokto porte une figure stylisée, comme
celle des satyres des céramiques faentines de la Renaissance : dans les fleuronnages on trouve facilement le
front, — j'ajouterai même, au milieu du front, peut-être
le bouton de sagesse de Bouddah; on distingue les yeux,
les sourcils, le nez, la bouche avec des dents, la barbe;
sur les deux nouvelles, dont la provenance est malheureusement inconnue, ce visage est devenu un petit personnage. Le bouton frontal de Bouddah, grossi, forme
la tête, les sourcils les deux bras, d'où s'échappent des
rayons (les poils), le nez devient une jupe, deux des
mèches de la barbe les deux jambes, la bouche forme un
petit terre-plein d'où semblent rayonner des flammes (les
poils de la barbe). C'est assurément un des exemples les
plus curieux d'une évolution déformatrice, dont l'idée
première a tout à fait disparu. Mais la forme des tuiles,

leur origine, leur aspect, ne peuvent laisser aucun doute sur leur identité.

« Et quand, dernièrement, je relisais dans Nadaillac (*Bulletin de la Société d'Anthropologie de Paris*, 1886, p. 118), l'histoire de la petite pierre plate totémique, découverte, en 1872, sur la poitrine d'un squelette préhistorique dans le Comté de Bucks en Pensylvanie, que les Américanistes appellent un *Gorget stone* (un hausse-col), je n'ai pu m'empêcher d'en faire le rapprochement et de voir dans ces petits monuments, non pas comme on l'a imprimé des petits matériaux d'architecture, mais bien des *encolpia* religieux, funéraires, destinés à protéger le défunt dans l'au-delà, et dont la matière incorruptible et sans valeur ne devait pas tenter les violateurs de sépulture. »

Séance du 29 Mai.

Présidence de M. M. PRINET, président.

Le président fait part du décès de Mgr James Condamin, associé correspondant national.

Il souhaite la bienvenue à M. Lebreton, récemment élu associé correspondant national.

M. A. Baschmakoff, associé correspondant national, propose « une solution nouvelle du problème des Khazares » dans une communication dont le texte se trouve publié au compte-rendu de la séance de la société d'ethnographie de Paris, contenu dans le numéro du 20 mars 1929 du *Journal officiel.*

Séance du 5 Juin.

Présidence de M. M. PRINET, président.

Ouvrages offerts :

Bernard Roy (1845-1919). Inauguration du médaillon de bronze placé sur sa maison natale, le 22 juillet 1928. Paris, 1929, in-8°, 1 pl.

BABELON (J.). *Les Trésors du cabinet des Antiques. Choix de bronzes et de terres cuites des collections de Janzé et Oppermann.* Paris-Bruxelles, 1929, in-4°, pl.

BESNIER (M.). *Enquête sur les routes de la Gaule romaine.* Paris, 1929, in-8°.

JEULIN (P.). *L'évolution du Port de Nantes.* Paris, 1929, in-8°, pl.

NERMAN (B.). *Die Verbindungen zwischen Skandinavien und dem Ostbaltikum in der jüngeren Eisenzéit.* Stockholm, 1929, in-8°.

Le président donne lecture d'une lettre de M⁹ Jean Constantin, notaire à Paris, l'informant que M. G. Schlumberger, membre honoraire, a légué à la Société une somme de deux cents mille francs, nette de tous droits, le revenu de cette somme devant être employé, pour une moitié, à assurer les publications de notre compagnie et, pour l'autre moitié, à constituer un prix d'archéologie nationale, sous le nom de « Prix Gustave Schlumberger », qui sera décerné annuellement à un ouvrage, manuscrit ou imprimé, sous réserve cependant, que tous les cinq ans, les arrérages de cette deuxième moitié du legs de M. Schlumberger devront fournir la matière d'une subvention à accorder à des fouilles exécutées en France.

En outre, par un codicille joint à son testament, M. G. Schlumberger a prescrit que toutes les sommes supplémentaires provenant de la vente de ses biens seraient réparties entre toutes les institutions et sociétés bénéficiaires de ses libéralités, au prorata de l'importance du legs constitué en faveur de chacune d'elles.

Le président, après avoir fait ressortir toute la reconnaissance qu'éprouve la Société devant un legs qui est le plus important qu'elle ait jamais reçu, demande à être autorisé à l'accepter provisoirement. L'autorisation est votée à l'unanimité.

M. J. Babelon, membre résidant, fait hommage de son volume sur les Trésors du cabinet des Antiques à la Bibliothèque nationale.

M. J. Toutain fait hommage d'une brochure « consacrée à la biographie de B. Roy, qui fut pendant trente ans secrétaire général du Gouvernement tunisien, et au récit de l'inauguration, sur sa maison natale, à Marigny-le-Cahouet, près de Semur-en-Auxois, d'un médaillon de bronze, œuvre du sculpteur Belloc. Il rappelle les services éminents rendus par B. Roy à l'archéologie et à l'épigraphie de la Tunisie, la collaboration active et désintéressée qu'il ne cessa de donner aux explorations entreprises dans la Régence, la bienveillance qu'il témoigna et l'appui sans réserve qu'il donna toujours à la Direction des antiquités et arts de la Régence de Tunis. Nos confrères R. Cagnat, Ém. Espérandieu, A. Merlin, L. Poinssot, pour ne citer que les savants qui ont été directement en rapport avec B. Roy, ont éprouvé cette bienveillance et bénéficié de cet appui. La brochure, publiée en hommage à la mémoire de ce grand fonctionnaire tunisien, a sa place marquée dans la Bibliothèque de la Société. »

M. Adrien Blanchet, membre résidant, présente un important ouvrage de M. Paul Jeulin, docteur en droit, associé correspondant national, intitulé *L'évolution du Port de Nantes*. Bien que l'ouvrage soit plus développé pour les périodes dont la Société s'occupe peu, cependant les origines antiques y sont étudiées, avec les *Nautes Ligerici*, le réseau des voies, les douanes romaines et le *Quadragesima Galliarum*. On pourra apprécier aussi les chapitres concernant les douanes ducales, les péages privés et le commerce du blé, de l'étain, du fer, du sel, etc. C'est un ouvrage qui fait le plus grand honneur à notre correspondant.

M. Blanchet, membre résidant, présente ensuite un utile travail de M. Maurice Besnier, professeur à l'Unisité de Caen, associé correspondant national : *Enquête sur les routes de la Gaule romaine*. L'auteur a réussi à condenser en quelques pages les données essentielles d'un programme d'exploration dont les résultats profiteront à la Carte archéologique de la Gaule romaine qui est préparée dans la France entière.

M. Marquet de Vasselot, membre résidant, montre un carreau de pavage en pâte de verre qui fait partie d'une collection étrangère et qui proviendrait de la chapelle de Saint-Sauveur-sur-Vingeanne (Côte-d'Or).

MM. Blanchet, Toutain, Aubert formulent diverses remarques.

M. Jean Babelon, membre résidant, présente une coupe en émail de Limoges, aux armes de Marie Stuart, récemment donnée au Cabinet des médailles de la Bibliothèque nationale par Miss Susan Dwight Bliss, au mois de novembre 1927, selon les volontés de sa mère, Mrs George Dwight Bliss. La coupe de Marie Stuart fit naguère partie des collections de J. Malcolm, vendues à Londres, le 1er mai 1913. Elle avait été exposée à Leeds, en 1868, puis à la Stuart Exhibition, de 1888, à Londres. Auparavant, elle avait été une des gloires de la collection du comte de Pourtalès-Gorgier, vendue en 1865. Ce beau vase dut être offert à Marie Stuart, lorsqu'elle n'était encore que la fiancée de François II, qui l'épousa le 25 avril 1558. La coupe est datée de 1556; elle fut donc exécutée avant cet événement. Une inscription figure, en effet, dans le fond : A LYMOGES — PAR IE-HAN — COVRT DIT — VIGIER · 1556. Cet émailleur est bien connu, toutes ses œuvres datées se groupent dans les années 1556 et 1557. Les compositions qui décorent la coupe de Marie Stuart ont été empruntées à des œuvres d'artistes contemporains. Le Cortège de Diane, qui fait l'ornement du couvercle, a été pris dans le recueil des « dix fonds de coupes » d'Androuet Ducerceau. La scène du banquet, qui constitue le motif principal, est dérivée du festin des Noces de l'Amour et de Psyché peint par Raphaël, en 1516-1517, au plafond de la villa Farnèse, à Rome.

MM. Dimier et Marquet de Vasselot ajoutent plusieurs observations.

Le commandant Lefebvre des Noëttes, membre résidant, fait circuler toute une série de documents suméariens, chaldéens, égyptiens, minoens, assyriens, grecs, romains, byzantins et romans, très instructifs pour l'histoire de la perspective.

MM. Lauer et de Mély présentent quelques remarques.

Séance du 12 Juin.

Présidence de M. M. PRINET, président.

Ouvrages offerts :

BASCHMAKOFF (A.). *Études sur l'origine des Avares.* Alençon, 1929, in-4°.

CASTELLANE (Comte de). *Jeton de Raoul Hurault.* Paris, 1928, in-8°.

VASMER (R.). *Ein im Dorfe Staryi Dedin in Weissrussland gemachter Fund Kufischer Münzen.* Stockholm, 1929, in-8°.

Le commandant Lefebvre des Noëttes, membre résidant, commente un certain nombre de documents relatifs à l'origine de la rame et du gouvernail et à leur perfectionnement jusqu'à l'époque du moyen âge.

M. J. Carcopino, membre résidant, fait la communication suivante :

« Dans un article des *Mélanges* de l'École de Rome, paru en 1923, je me suis efforcé d'établir, au moyen de deux corrections, généralement admises aujourd'hui, que la peinture de Parrhasios, mentionnée dans un passage bien connu de l'*Histoire naturelle* (XXXV, 70) comme l'ornement de la chambre à coucher de l'empereur Tibère : 1° était évaluée un million, et non six millions de sesterces ; 2° s'appelait, non l'*Archigallos*, l'archigalle, mais l'*Artigamos*, la nouvelle mariée, et devait, en conséquence, se confondre avec le tableau du même peintre, exposé au même endroit et estimé au même prix, dont Suétone, sous le titre de *Méléagre et Atalante*, nous a laissé une description plus que licencieuse (*Tib.*, 44, 2)[1].

« Chez Suétone, le renseignement relatif à cette œuvre d'art est fourni sans caution. Chez Pline, au contraire, il est accompagné d'une référence : *ut auctor est Deculo*. Mais ce nominatif apparaît comme un ἄπαξ, non seulement dans l'histoire de la littérature latine, mais dans l'onomastique romaine[2]. J'ai soupçonné naguère que dans ce texte corrompu, sous cette forme insolite, inexplicable, une troisième faute de copie nous dérobait l'identité véritable de cet *auctor*. Les quelques lignes qui vont suivre n'ont d'autre but que d'achever, sur ce point de détail, la démonstration commencée.

« Notons d'abord, qu'inconnu par ailleurs, le nom ainsi désigné dans *Hist. nat.*, XXXV, 70, revient, à l'ablatif, en deux autres passages du même ouvrage : dans le catalogue des *auctores* latins du livre XXXV, et, auparavant, dans le catalogue des *auctores* latins du livre X. La citation de Pline n'est donc pas le résultat d'une méprise; et l'auteur auquel elle nous renvoie a réellement figuré dans sa bibliothèque.

« Remarquons ensuite que dans aucune de ces trois places, la tradition manuscrite de l'*Historia naturalis*, ni au nominatif, ni à l'ablatif, n'a pu fixer sa référence en une leçon commune à tous ses représentants. Autant de copies, autant de leçons, pourrait-on dire. Si le *Bambergensis* (xe siècle), le *Leidensis Lipsii* (xie siècle), le *Toletanus* (xiiie siècle) portent l'ablatif *Deculone* et le nominatif *Deculo*; le *Parisinus* 6795 (xie siècle) présente l'ablatif *Delusone*, remplacé, de seconde main, par *Desulone*; le *Vindobonensis* (xiiie siècle), l'ablatif *Nesulone*; le *Parisinus Latinus* 6797 (xiiie siècle), l'ablatif *D. Eculeone*; le *Vossianus* (xie siècle), le nominatif *Depulo*; le *Riccardianus* (xie-

---

1. J. Carcopino, *Attideia*, II, *Galles et Archigalles*, dans les *Mélanges d'archéologie et d'histoire*, 1923, p. 267-307.

2. Cf. le *Thesaurus Linguae Latinae*, *Onomasticon*, III, c. 82. *Deculo* serait, tout ou plus, à rapprocher de *Decula* (pour *Tegula*), *cognomen* d'un des consuls de l'an 81 av. J.-C.

xii⁰ siècle), l'ablatif *Desulono* dans le catalogue des *aucto-res*, et la locution *de populo* dans le corps du livre XXXV. Les copistes se contredisent les uns les autres ; et il leur arrive, d'un passage à l'autre, de se démentir eux-mêmes. Il y aurait donc, dans des conditions aussi défavorables, témérité à se prononcer entre eux au nom d'un classement obscurci d'incertitudes [1] ; et la comparaison de leurs variantes, poursuivie en dehors de toute hiérarchie préalable, va nous livrer la leçon que les meilleurs d'entre eux ont partiellement méconnue.

« Parmi ces variantes, il en est qui s'effacent d'elles-mêmes. *Delusone* a été corrigé, de seconde main, en *Desulone* ; et *Desulono* procède d'une mélecture certaine de *Desulone*, par confusion de l'*e* et de l'*o* [2], comme *Desulone* est une mélecture probable de *Depulone* [3]. Dans la graphie *D. Eculeone*, la finale ... *leone* pour ... *lone* est issue d'un redoublement greffé sur une confusion identique et facilité par la fréquence du prénom médiéval *Leo, Leone*. Le point qui sépare, en cette dernière variante reconstituée, *D* et *Eculone* rend compte de *Neculone*, dont l'*N* initial doit résulter de la mélecture du *D* et du point qui l'accoste et qui a dégénéré en un trait [4]. Enfin la formule *de populo*, dont l'ineptie, dans la proposition *ut auctor est de populo*, se passe de démonstration, est issue de la surprise causée au copiste par un nom propre qui ne disait rien à sa mémoire et de l'effort malheureux qu'il a fait, sans doute inconsciemment, pour le résoudre en un nom commun qu'il croyait comprendre. Elle se ramène par les mélectures les plus banales de l'*e* et de l'*o* [5] et du *p* et du *c* [6] en *Decepulo* [7].

1. Cf. Schanz, *Geschichte der röm. Lit.*[2], II, p. 375.

2. L. Havet, *Manuel de critique verbale*. Paris, 1911, § 657, 1292 et *passim*.

3. Sur les confusions de l'*r* et de l's et du *p* et de l'*r*, cf. *ibid.*, § 609 et 621.

4. *Ibid.*, § 1510 A.

5. M. Samaran attire mon attention sur ces confusions, notamment dans les *papyri* (*Ox. Pap.*, XVII).

6. L. Havet, *op. cit.*, § 607.

7. Il n'y a aucun moyen de retrouver ici le *cognomen Subulco*

« Ce premier épluchage opéré, il ne subsiste plus que
quatre lectures entres lesquelles nous puissions arrêter
notre choix et que, pour la clarté de l'exposition, je ramène toutes les quatre au nominatif :

« 1. *Deculo*.

« 2. *D. Eculo*.

« 3. *Depulo*.

« 4. *Decepulo*.

« Mais toutes les quatre convergent vers le double nom
que l'une recèle et que les autres suggèrent.

« D'abord, en effet, 1 et 2 sont identiques, car ne n'est
pas corriger 1 que de ramener 1 à 2 par une coupure différente des caractères[1], et de lire, dans les deux cas,
d'après la *lectio difficilior* qui se trouve être, comme de juste,
la *lectio melior* : *D. Eculo*. Transférons cette ponctuation
à 3 : cette leçon s'éclaire à son tour et explique toutes les
autres. Le groupe *D. Epulo* comprend un nom et un surnom latins également plausibles. Le surnom *Epulo* est
transcrit en toutes lettres ; le gentilice est abrégé par un
sigle : *D*. Cette abréviation qui, en épigraphie, signifie
couramment le prénom *Decimus* employé, du reste, sous
l'Empire, comme gentilice[2], peut, *a fortiori*, signifier le gentilice *Decius* qui, à l'origine, n'était qu'un prénom[3] et l'est
redevenu dans l'onomastique impériale[4] ; et, par exemple,
c'est en ce gentilice *Decius* qu'il convient peut-être de déve-
lopper le *D* qui précède, chez Pline, le surnom *Silanus*[5] du
noble romain que le Sénat de la République avait chargé de
traduire l'encyclopédie agricole du Carthaginois Magon[6].
Par conséquent, d'une part, la leçon 3, la leçon rectifiée

porté par le P. Decius qui fut choisi en 169 av. J.-C. comme *triumvir coloniae deducendae Aquileiae* (Liv., XLIII, 17, 1).

1. L. Havet, *op. cit.*, § 387.

2. Cf. de Vit, *Onomasticon*, s. v° *Decimus*, II, p. 577.

3. Cf. *ibid.*, s. v° *Decumius*.

4. Cf. *Inscr. Graecae ad Res Romanas pertinentes*, 722.

5. Pline, *N. H.*, *index* (XIV, XV, XVIII, XIX) et XVIII, 23 : *vir
clarissimae familiae D. Silanus*.

6. Cf. Steph. Gsell, *Histoire ancienne de l'Afrique du Nord*, IV,
p. 5.

4 nous rendent, par deux procédés différents d'abréviation, une seule et même dénomination : *D(ecius) Epulo* =
Dec(ius) Epulo ; et, d'autre part, qu'on le dérive soit d'une
simple mélecture de *D. Epulo*, due à la confusion du *p* et
du *c*, soit d'une interprétation fautive du groupe *Dec.
Epulo*, d'abord réuni en un seul mot, puis transformé en
Dececulo, et enfin contracté par haplographie, le texte, im-
manent aux formes insolites 1 et 2 : *Deculo* et *D. Eculo*,
recouvre, à son tour, le *Decius Epulo* qu'avaient pressenti
les humanistes[1] et dont la résurrection redresse, en les
expliquant, les altérations divergentes de l'apparat des
éditeurs contemporains.

« Si *Deculo* était inconnu, et pour cause, *Decius Epulo*
au contraire paraît susceptible d'identification.

« D'après les *indices* de l'*Histoire naturelle*, cet *auctor* a
servi à Pline pour l'élaboration de ses livres X et XXXV.
Au cours du livre XXXV, nous retrouvons *Decius Epulo*
dans notre passage, et nous ne le retrouvons que là.
Puisque, en l'occurrence, c'est Decius Epulo qui a appris
à Pline la tendresse que nourrissait Tibère pour la peinture de Parrhasios, force nous est de le considérer
comme un contemporain de Tibère et du reste renseigné
de fort près sur les goûts et les habitudes de ce prince. Au
cours du livre X, nous ne rencontrons plus Decius Epulo ;
mais il nous est aisé d'y repérer ses renseignements ; car
il y est, à deux reprises, question de Tibère en des termes
qui admettent ou requièrent son intervention. Ici, Pline
raconte qu'un corbeau, né sur le toit de l'*aedes Castorum*,
avait été dressé à l'usage de la parole par un savetier du
voisinage, et que, prenant chaque matin son vol vers les
Rostres, il y appelait par leurs noms Tibère, son neveu
Germanicus et son fils Drusus[2]. Là, il fait allusion, sans
l'expliquer clairement, à l'étrange recette par laquelle
Livie, enceinte, s'était flattée de déterminer à son gré le

---

1. Les *Hermolai Barbari Castigationes Plinianae* parues à
Rome en 1492 portent *Decius Eculeo*.
2. Pline, *N. H.*, X, 121.

sexe du garçon qu'elle désirait avoir, et qui fut Tibère[1]. La première anecdote ne porte point de signature : tout sujet de Tibère, résidant à Rome, put entendre le corbeau du savetier saluer les Césars sur le Forum ; toutefois, un de leurs courtisans dut s'intéresser plus particulièrement à l'oiseau prodige. La seconde notice, par contre, n'émane que de l'entourage immédiat de l'empereur, d'un intime de sa maison. Decius Epulo a pu répandre la première. La seconde implique les mêmes relations étroites avec Tibère que le renseignement sur la décoration du *cubiculum* impérial et la peinture de Parrhasios. Decius Epulo en est certainement l'auteur. Et s'il n'est pas nécessaire de se le représenter comme un écrivain de profession, il est indispensable, quelle que soit la forme qu'il ait donnée à ses confidences, qu'il les ait directement obtenues de l'amitié du Prince.

« Or, les inscriptions nous font connaître un Decius qui répond à ce signalement. Préfet des *duumviri quinquennali potestate*, que la colonie d'*Aquinum* avait successivement élus[2] dans la famille des Césars, Tibère, d'abord, puis Drusus, fils de Tibère, et Nero, fils de Germanicus, il avait été, en outre, appelé par Tibère à partager avec lui le patronat de la Cité : *praef(ectus) quinq(uennalis) Ti(berii) Caesaris Augusti | iter(um) Drusi Caesaris Ti(berii) f(ilii) | ... ex auctor(itate) Ti(berii) Caesaris Augusti et permissu [e]ius | cooptatus coloniae patronus.* Cette promotion, comme les préfectures qui l'ont précédée, témoignent de la faveur dont Tibère honorait le personnage, et qui ressort, par ailleurs, de la mention des sacerdoces romains qui figurent en tête de son *cursus* municipal : *pontifex minor Romae, tubicen sacror(um) publ(icorum) p(opuli) r(omani) Quirit(ium)*[3]. Car le recrutement

---

1. Pline, *N. H.*, X, 154. Nous verrons tout à l'heure comment Suétone nous aide à comprendre ce passage de Pline.

2. Sur ces préfets de César, cf. J. Carcopino, *Les inscriptions gamaliennes*, dans les *Mélanges d'archéologie et d'histoire*, 1911, p. 172.

3. *C. I. L.*, X, 5393 (la dédicace est rédigée au datif). Cf. *ibid.*,

de ces *sacerdotia* dépendait, avant tout, de la volonté de l'Empereur, grand Pontife[1], et Tibère a jalousement exercé cette prérogative de son rang[2]. En sorte qu'à l'origine de tous les honneurs échus, en Campanie ou à Rome, au Decius d'Aquin, nous aboutissons toujours à une décision du Maître et à la cooptation de l'Empereur.

« Ce Decius d'*Aquinum*, simple chevalier, mais si solidement ancré dans la confiance de Tibère, et ce Decius Epulo qui, grâce à la même intimité, put révéler à Pline les secrets d'alcôve divulgués aux livres X et XXXV de l'*Histoire naturelle* ne font-ils qu'un? Au premier abord, une telle identification semble tout à fait improbable, puisque le Decius d'Aquin prénommé Quintus, fils de Quintus, petit-fils de Marcus, se surnomme Saturninus, et n'appartient pas au septemvirat des épulons. Mais, à la réflexion, la conjecture acquiert quelque probabilité. D'une part, en effet, la célèbre épitaphe de la pyramide de Cestius suffit à nous enseigner que les dignitaires élevés à ce septemvirat, pouvaient assumer comme *cognomen* leur titre d'*epulo*[3]. D'autre part, comme l'inscription d'Aquin a été gravée antérieurement à l'an 29[4], le Decius à qui elle est dédiée et qui n'était alors que pontife mineur, a eu tout le temps, jusqu'en 37, de devenir *epulo* par la grâce de Tibère. A toutes les époques, les empereurs ont réservé des avancements semblables à leurs favoris[5]; et cette accession d'un prêtre subalterne au qua-

5392 et 5394. Sur le personnage, voir Stein, s. v°, *P. W.*, IV, c. 2286.

1. Cf., sur ce point, Howe, *Fasti sacerdotum p. r. publicorum aetatis imperatoriae*. Leipzig, 1904, p. 11.

2. Cf. Tac., *Ann.*, III, 19, et Cass. Dio, LVIII, 7.

3. Cf. *C. I. L.*, VI, 1374 : *C. Cestius L. f. Epulo, pr. tr. pl., VII vir epulonum.*

4. Date de la condamnation de Nero qu'elle mentionne avec honneur.

5. Cf. C. Calvisius Sabinus, *curio* puis *epulo*, sous Tibère (*C. I. L.*, XI, 4772); L. Crepereius Rogatus, *lupercus* puis *epulo* (*C. I. L.*, VI, 1397, 1398); Ti. Claudius Claudianus, *Laurens Larinas* et *epulo* (*C. I. L.*, VIII, 7978).

trième des grands collèges sacerdotaux de l'ordre séna-
torial déclarerait seulement la bienveillance exceptionnelle du Prince à son égard. Nous n'aurions plus, dès lors,
à nous étonner si Tibère fit son confident du simple chevalier qu'il n'avait cessé de combler de bienfaits et qu'il
a finalement invité à siéger à côté de lui[1], au milieu des
consulaires[2], dans le Septemvirat *epulonum*.

« Mais à quoi bon insister sur cette hypothèse? Si des
trouvailles épigraphiques la vérifient un jour, elle cóñ-
firmera par l'histoire notre lecture du nom de l'*auctor* de
Pline au § 70 de son livre XXXV. Mais celle-ci en demeure indépendante. Et quoi qu'on pense de l'individua-
lité de Decius Epulo, familier de Tibère, on ne saurait
appeler autrement l'informateur de Pline sur l'œuvre de
Parrhasios que le Prince avait exposée dans sa chambre
à coucher; et il est évident que ce Decius Epulo a été
l'inspirateur commun de Pline et de Suétone dans les
chapitres de ces deux écrivains qui concernent la vie privée de l'empereur Tibère. Sans le secours de Suétone
(*Tib.*, 14, 2), lequel descend aux détails et nous apprend
que Livie, enceinte de Tibère, se mit à couver un œuf
dont sortit bientôt un poussin porteur d'une crête de
coq, nous ne comprendrions pas l'allusion elliptique de
Pline qui se borne à rappeler, d'après ses fiches, qu'en
couvant un œuf Livie se procura sur le sexe de l'enfant,
auquel elle devait donner le jour, un présage favorable
(*Hist. nat.*, X, 154). Pareillement, sans la comparaison
avec Suétone (*Tib.*, 44, 2), il n'aurait pas été possible de
reconnaître le sujet véritable de la peinture de Parrhasios qui, au témoignage de Pline (XXXV, 70), ornait le
cubiculum de Tibère. Ici et là, Pline et Suétone se com-
plètent l'un l'autre, d'autant mieux, que, là comme ici, où
Pline a nommé Decius Epulo, ils ont puisé tous deux à
la même source : les souvenirs d'un familier de la mai-

---

1. Cf. Howe, *op. cit.*, p. 28. Sur Tibère, *epulo*, voir *C. I. L.*, II,
2062; VI, 903; X, 8088.

2. Consulaires épulons sous Tibère ap. *C. I. L.*, VIII, 10025, et
XIV, 3606.

son impériale qui n'a pas craint, après la mort de ses
protecteurs, de divulguer les secrets qu'il avait appris
dans leur intimité. »

MM. Merlin et Samaran formulent plusieurs observations.

Séance du 19 Juin.

Présidence de M. M. Prinet, président.

Ouvrages offerts :

Collinet (P.). *Le rôle de la doctrine et de la pratique dans
le développement du droit romain privé au Bas-Empire.*
Paris, 1929, in-8°.

Héron de Villefosse (Ét.). *Loi du 23 juillet 1927 com-
plétant la loi du 31 décembre 1913 sur les monuments historiques.* Paris, 1929, in-8°.

Lantier (R.). *Musée des Antiquités nationales. Château de
Saint-Germain-en-Laye. La verrerie.* S. l. n. d., Album.

Lorimy (H.). *Inscriptions céramiques gallo-romaines conservées au Musée de Châtillon-sur-Seine.* Paris, 1928,
in-8°, pl.

Le président adresse les félicitations de la Société à
MM. M. Aubert et G. Huard, membres résidants, lau-
réats de deux prix Bordin à l'Académie des Beaux-Arts.

M. R. Lantier, membre résidant, fait hommage de son
travail sur les collections de verrerie du Musée de Saint-
Germain.

M. Martroye, membre résidant, présente à la Société
une remarquable étude de notre confrère M. Collinet :
« Avec une lumineuse science il y traite et résout une
des questions les plus controversées de l'érudition moderne ; jadis la législation de Justinien était considérée
comme la raison écrite, fixée sans variations possibles,
depuis l'âge des grands jurisconsultes romains. La dé-

couverte des Institutes de Gaius a montré qu'elle est bien
différente du droit classique; et une critique plus perspi-
cace y a révélé les effets d'une longue évolution, accom-
plie du IIIe au VIe siècle. Comment ces innovations ont-
elles passé dans les lois?

« Par l'influence de la doctrine, disent les uns, c'est-à-
dire par l'enseignement des écoles d'Orient, de Beyrouth
spécialement. Par la pratique, c'est-à-dire par la jurisprudence romaine, par les notaires, par les hommes de
loi, de l'Occident, soutiennent les autres. Ces deux thèses
s'affrontent et, exclusives l'une de l'autre, ne donnent, ni
l'une, ni l'autre, pleine satisfaction.

« M. Collinet ne dédaigne certes point Beyrouth : c'est
lui qui a fait revivre l'histoire de son école. Mais il n'est
pas systématique. Reprenant tout le problème, il montre
l'interpolation de tel texte issue de la doctrine, celle de
tel autre, de la pratique, et conclut à la diversité des influences qui ont fait prévaloir des conceptions différentes
des anciennes. Il en dresse le tableau et établit la méthode qui permet de discerner les origines des altérations introduites dans les textes, suivant leurs variétés,
leurs dates, leurs caractères. Il éclaire ainsi d'un jour
nouveau cette législation du Bas-Empire qui, codifiée
sous Justinien, allait demeurer pendant des siècles, pour
toute la civilisation, le droit écrit. L'œuvre de notre cher
secrétaire intéresse donc vos travaux. Je suis heureux de
vous la faire connaître, et suis profondément honoré
d'être appelé à vous l'offrir. »

M. Samaran, associé correspondant national, étudie
un manuscrit daté des Lettres de saint Jérôme et propose une identification pour la localité où le manuscrit
aurait été écrit au début du XIIe siècle.

MM. Collinet et Max Prinet ajoutent quelques re
marques.

Le commandant Lefebvre des Noëttes, membre résidant, parle des mors de la collection Caranda qui sont
des mors de bridon et non des mors de bride.

M. Michon présente une observation.

Séance du 26 Juin.

Présidence de M. M. PRINET, président.

Le président déclare la vacance du siège de membre honoraire précédemment occupé par M. G. Schlumberger. L'élection à ce siège aura lieu après les vacances.

Il adresse les félicitations de la Société à M. J. Maurice, membre résidant, qui vient de recevoir de la *Royal Numismatic Society* de Londres la grande médaille d'argent destinée à récompenser le meilleur travail de numismatique.

M. E. Faral, associé correspondant national, à propos des textes gallois et italiens des viie et viiie siècles, traite de la question de la « capillature » et de l'adoption par la coupe de la première chevelure.

M. Collinet ajoute quelques remarques.

M. J. Formigé, membre résidant, signale la découverte d'un nouveau fragment de l'inscription cadastrale d'Orange :

« L'inscription cadastrale d'Orange dont on a recueilli plusieurs fragments à des époques différentes est célèbre. Les auteurs qui l'ont étudiée ont reconnu son extrême importance et ses particularités uniques. On pense qu'elle a été gravée au second siècle et l'endroit d'où proviennent les fragments semble être situé sur le périmètre de l'ancien forum.

« Caristie, Hübner, le *Corpus*, Herzog, Hirschfeld, Saulcy, Allmer, Mommsen, S. Reinach et bien d'autres l'ont examinée et commentée[1].

« La conclusion de M. Hirschfeld est la suivante[2] :
« Nous sommes donc encore bien loin d'avoir trouvé non

1. Cf. Louis Chatelain, *Les monuments romains d'Orange*, p. 129 et suiv., pl. 1.
2. Id., *ibid.*, p. 134.

— 168 —

« le mot, mais les mots de l'énigme. Si nous pouvions
« comparer d'autres centuries, peut-être parviendrions-
« nous à saisir l'ancien système des mesures gauloises,
« mais, quant à moi, je désespère d'arriver. Peut-être la
« bêche réussira-t-elle, où nous autres, malheureusement
« appelés savants, devons confesser d'avoir échoué. »

« Or, précisément la bêche, sans donner les mots, tous
les mots de l'énigme, vient de produire un nouveau mor-
ceau de l'inscription qui mesure 0ᵐ18 de haut sur 0ᵐ11
de large et sur lequel on lit :

$$
\begin{array}{cc}
\text{C R I} & \text{C} \cdot \text{RED} \\
\text{INC} & \text{C XV}
\end{array}
$$

$$
\begin{array}{cc}
\text{DX} & \text{IX} \cdot \text{C} \cdot \text{K IV} \cdot \\
\text{I R} & \text{L XII} \\
\text{C} &
\end{array}
$$

« Si on raisonne par analogie avec les parties déjà
connues de cette inscription, la lecture paraît être la suivante :

« D'abord la situation par rapport au « decumanus » et
au Kardo, vraisemblablement comme nous le verrons plus
loin, « sinistra decumanum XI citra Kardinem III et IV » ;
puis *ex tributario* [un nombre] *Redactus* In Colonicum.
RE*Dactus* IN *Colonicum* CXV *sinistra*, comme nous le
verrons plus loin aussi, et non dextra *Decumanum* XIX *Citra Kardinem* IV, *ex tributario* [un nombre terminé par] I
Redactus in *Colonicum* LXII.

« L'inscription est traversée par une double raie qu'on
retrouve dans les parties déjà connues de l'inscription et
dont un mot fait supposer DVCT. Il s'agit vraisemblablement de l'aqueduc.

« On sait qu'une seconde inscription[1] cadastrale, trouvée en avril 1904 rue Vieille-Fusterie et conservée à
l'hôtel de ville, décrit d'autres parcelles et qu'on y relève

---

1. Cf. Louis Chatelain, *Les monuments romains d'Orange*, p. 135,
pl. II.

un détail qui a jusqu'ici dérouté ses commentateurs : on
voit que certaines parcelles sont à la fois *ad lacum* et *ad*

*Fragment récemment découvert
de l'inscription cadastrale d'Orange*

kardinem. Or, le Kardo est bien entendu en pleine ville
tandis que l'amphithéâtre, actuellement détruit, était à

l'ouest de la ville, à 400 mètres environ. Comment concilier ces deux désignations? Cela me semble fort simple depuis que j'ai pu démontrer que le prétendu cirque était un gymnase et que la palestre côtoyait précisément le Kardo. C'est à cette palestre que s'applique le mot *ludum* et non pas à l'amphithéâtre.

« Les deux inscriptions nous donnent donc des indications topographiques sur le plan de la colonie d'Orange.

« Ces indications sont précieuses. Examinons-les en détail. Les deux parcelles numérotées « sinistra decuma- « num X citra Kardinem IV »; et « sinistra decumanum IX « citra Kardinem IV » nous démontrent que l'aqueduc passait entre elles venant du nord vers le sud et y faisant un coude vers l'est. Cet aqueduc est conservé depuis la route de Camaret jusqu'au voisinage de l'arc où il est détruit. On ignorait son trajet à partir de ce point. Cette découverte nous le fait connaître : il se dirigeait alors vers le sud pour arriver aux deux parcelles que je viens de citer. Cela nous apprend aussi que la première parcelle dont le nouveau fragment d'inscription nous parle était voisine des précédentes et traversée par l'aqueduc, de sorte que c'était la parcelle « sinistra decumanum XI citra « Kardinem III et IV ». Le château d'eau devait être près la parcelle SDXCKX, voisine du rempart.

« La 1re inscription, dans ses parties déjà connues, nous parle aussi de la parcelle « dextra decumanum XIII citra Kardinem III ». Or, cette parcelle est située sur la colline, ce qui nous donne une indication précieuse pour cette partie de la ville haute. Elle parle aussi de la parcelle suivante « dextra decumanum XIII citra Kardinem... » le nombre étant perdu. Il s'agit donc de la parcelle « citra « Kardinum III ou V ».

« Il me reste à dire comment le nouveau fragment de l'inscription d'Orange a été trouvé. Le Crédit Lyonnais a fait exécuter récemment une sous-agence rue de la République, et c'est au cours des déblaiements qu'on a trouvé quelques fragments romains qui nous ont mis en éveil. Nous avons poussé les recherches le plus possible et cela nous a permis de recueillir non seulement ce fragment, mais un grand nombre d'autres : fûts de colonnes, chapiteaux, bases, moulures, partie basse d'une statue drapée, le tout d'excellent style, en marbre, provenant en grande partie de la scène du théâtre. Les fragments ont été donnés à la ville d'Orange pour le musée actuellement en construction.

« On sait que des trouvailles de ce genre ont été faites à plusieurs reprises dans ce voisinage, notamment en 1904. Tous les fragments recueillis sont brisés et accumulés pêle-mêle, de sorte qu'on a pu penser avec vraisemblance que ces marbres étaient destinés à un four à chaux. Parmi tous ces fragments, j'ai pu identifier des éléments des bases attiques de l'ordre qui encadrait la porte royale, bases de marbre blanc hautes de 0m45 et correspondant à des fûts de 0m875 de diamètre. J'ai identifié aussi un chapiteau corinthien de l'ordre inférieur latéral de la scène, haut de 0m88. Il faut encore noter un chapiteau à double rang de feuilles étroites et qui rappelle tout à fait ceux du théâtre de Dyonisos à Athènes : j'en ai précédemment publié un autre, provenant aussi d'Orange et du même type.

« Enfin, les déblaiements ont remis au jour une partie du mur oriental du gymnase, décoré d'arcades et de pilastres, le tout en petits moellons très bien taillés et qui est identique au mur occidental visible rue de Pontillac.

« Toutes les remarques qui précèdent sont uniquement des remarques d'architecture; les réflexions que je présente sur les inscriptions ne sont donc que des indications pleines de réserves. Je ne doute pas que les épigraphistes, seuls autorisés en cette matière que j'ignore, y ajoutent des commentaires beaucoup plus avertis. »

MM. Toutain et Collinet formulent plusieurs remarques.

EXTRAIT DES PROCÈS-VERBAUX

DES 3ᵉ ET 4ᵉ TRIMESTRES DE 1929.

Séance du 10 Juillet.

Présidence de M. M. PRINET, président.

Ouvrages offerts :

DEMAISON (L.). *La cathédrale de Reims à propos d'un livre récent.* Paris, 1929, in-8°.

JARRY (E.). *Conditions d'établissement d'un marchand d'Orléans à Franchise (Arras) en 1479.* Orléans, 1929, in-8°.
— *La Renaissance à Orléans. Trois logis contemporains (1543-1647).* Orléans, 1929, in-8°, 2 pl.

STOCKY (A.). *La Bohême préhistorique. 1 : L'âge de pierre.* Prague, 1929, gr. in-8°, pl.

M. Demaison, membre résidant, fait hommage d'un récent travail sur la cathédrale de Reims.

MM. J. Girardot et R. Génestal sont élus associés correspondants nationaux pour les départements de la Haute-Saône et de la Seine-Inférieure.

M. R. Lantier, membre résidant, lit une note sur la religion celtique, et s'attache plus spécialement à mettre en relief le caractère d'unité des diverses manifestations de cette religion et à établir les rapports qu'elle avait avec l'organisation sociale des Celtes.
MM. J. Toutain et Lauer ajoutent diverses observations.

M. Jérôme Carcopino, membre résidant, lit de la part de M. Pierre Wuilleumier, agrégé des lettres, membre de l'École française de Rome, la note suivante :
« Depuis cinquante ans, le sol de Tarente fournit une

riche moisson archéologique, mais l'épigraphie y est
peu représentée. Or, parmi les plus récentes découvertes
figure une inscription latine, mise au jour, par hasard,
dans le jardin de S. E. l'amiral Belleni, qui a eu la gra-
cieuseté de me la faire connaître à mon dernier voyage
et de me la laisser publier. Habilement photographiée
par les soins de M. Harold Vickers, elle s'est révélée à
M. Carcopino, qui a bien voulu y prendre un intérêt
précieux, digne d'être soumise à la Société des Antiquaires de France.

« La plaque de marbre blanc mesure 0,84 × 0,71 ; les
fragments architectoniques qui la bordent, hauts l'un de
0^m14, l'autre de 0^m11, n'appartiennent pas nécessairement au même ensemble ; ils ont été recueillis toutefois
dans les environs immédiats et peuvent avoir servi de
corniche et de plinthe. La destination de la pierre est
difficile à préciser : le lieu de trouvaille (Muriveteres),
près duquel passait une route grecque, correspond à l'ancienne nécropole ; mais la ville romaine l'a recouverte en
grande partie, surtout vers l'ouest, de maisons[1], de
temples[2] et de thermes[3], sans que les fouilles aient jamais exploré méthodiquement cette région. La plaque,
d'autre part, est aujourd'hui encastrée dans un mur, et
seul le texte peut fournir quelque lumière. Le voici :

C · VMBRICIO · C · F
SCAPT · MELIORI
HARVSPICI · CAESA
RVM ^{dau-
phin} PATRONO
MVNICIPI · EX · TESTA
MENTO IPSIVS

C. Umbricio C. f(ilio) Scapt(ia) Meliori, haruspici Caesa-
rum, patrono municipi, ex testamento ipsius.

1. Cf. *Not. d. Sc.*, 1881, p. 407 ; 1883, p. 181 ; 1886, p. 435 ; 1892,
p. 433 ; 1894, p. 318.
2. Cf. Vincenzo Fago, *Nuova Antologia*, 1er août 1901, p. 532.
3. Cf. *Not. d. Sc.*, 1881, p. 398 ; 1883, p. 179 ; 1896, p. 107 ;
1897, p. 110, 466 ; 1899, p. 302.

« A Caius Umbricius Melior, fils de Caius, de la tribu Scaptia, haruspice des Césars, patron du municipe, d'après son propre testament. »

« L'absence de toute indication funéraire exclut l'hypothèse d'un tombeau ; celle d'un dédicant et la mention formelle *ex testamento ipsius* prouvent que le monument fut élevé sur une disposition personnelle et aux propres frais du défunt : patron du municipe, dont il connaissait sans doute les faibles ressources, Umbricius a pris les mesures nécessaires pour que son souvenir se perpétuât à Tarente sous la forme — peut-être d'un buste — en tout cas d'une dalle commémorative.

« Hautes en moyenne de 0^{m}06, les lettres sont peu régulières : le lapicide n'a pas su remplir également les lignes et il a surélevé trois fois sur cinq la barre horizontale du T pour gagner de la place (lignes 2, 4, 5), tandis qu'il faisait varier sans raison la dimension de l'I (*ibid.*). Mais ces erreurs dénotent plutôt un manque d'expérience, que justifie la rareté des inscriptions tarentines ; on ne peut nier le soin du graveur qui s'est appliqué à séparer tous les mots, marquant peut-être sa nationalité par le dauphin de la 4e ligne, et la pureté des lettres empêche de descendre au delà du 1er siècle ap. J.-C. Or, cette époque est confirmée et précisée par le nom et les fonctions du défunt.

« Pline l'Ancien se réfère pour les mœurs des vautours aux recherches d'Umbricius Melior, « le plus habile ha« ruspice de notre temps[1] », et il a utilisé ses écrits sur les méthodes étrusques[2]. D'autre part, c'est le même Umbricius qui, le 15 janvier 69, aurait fait preuve d'habileté politique en prévenant Galba que les entrailles des victimes étaient défavorables et que l'on tramait une

---

1. Pline, *H. N.*, X, 19. Umbricius haruspicum in nostro aevo peritissimus parere tradit ova tredecim, uno ex his reliqua ova nidumque lustrare, mox abicere. Triduo autem ante advolare eos ubi cadavera futura sunt.

2. *Ibid.*, *Ind. Auct.*, XI. Qui de etrusca disciplina scripsit... Umbricius Melior.

conspiration tout près de lui[1]. Le cas de cet empereur

Inscription découverte à Ferentum.

1. Tac., *Hist.*, I, 27. Octavo decimo kalendas Februarias sacrificanti pro aede Apollinis Galbae haruspex Umbricius tristia exta et

n'est pas isolé : les haruspices, qui intervenaient déjà dans tous les actes importants de la république, se sont réservé une place d'honneur au palais impérial[1]. Si les textes ne citent, en dehors d'Umbricius, que Spurinna, le conseiller de César[2], cinq inscriptions[3] attestent l'existence d'haruspices propres à l'empereur. Mais ils ont le titre *haruspex Aug(g)* tandis qu'Umbricius est appelé ici *haruspex Caesarum*. Cette particularité semble d'autant plus curieuse que, si l'on en croit De Ruggiero[4], Vitellius est le seul membre de la dynastie julio-claudienne qui ne porte pas le surnom de *Caesar*. Elle s'explique, en revanche, si l'on songe que celui-ci est attribué aux descendants des empereurs avant même qu'ils ne règnent[5] : or, dans la seconde moitié du 1er siècle, seuls Titus et, plus longtemps encore, Domitien se sont trouvés dans ce cas : de fait, sur deux dédicaces connues à Vespasien et ses fils, l'une[6] ne donne qu'au dernier le nom de *Caesar*, tandis que dans l'autre, qui remonte au deuxième semestre de 72[7], c'est le seul titre qu'ils partagent tous trois. On comprend dès lors qu'il figure sur notre inscription : après avoir servi Galba, et sans doute le premier au moins des successeurs que ses prédic-

instantes insidias ac domesticum hostem praedicit..; cf. Suét., *Galba*, 19; Plut., *Galba*, 24. Ajoutons qu'une inscription de S. Casciano, près Florence (*C. I. L.*, XI, 1617 = Dessau, 6604), est dédiée à un C. Umbricius C. f. Sca. Causo, qui, d'après son prénom comme sa tribu, doit être un parent du nôtre.

1. Cf. De Ruggiero, *Diz. ep.*, s. v., p. 650; Thulin *in* P.-W., *Real. Enc.*, s. v., col. 2439.

2. Cic., *De Div.*, I, 119; Suet., *Caes.*, 81; Val. Max., VIII, 11, 2. On ne sait si Auguste a suivi le conseil de Mécène Cass. Dio., LII, 36, 3.

3. *C. I. L.*, VI, 2161; 2163; 2168; 2175; X, 4721.

4. *Op. cit.*, s. v. *Caesar*, p. 12.

5. *Ibid.*

6. Orell., 2008. Herculi Saxano et Imp(eratori) Vespasiano Aug(usto) et Tito Imp(eratori) et Domitiano Caesari...

7. *C. I. L.*, VI, 932 = Dessau, 246. Imp(eratori) Caesari Vespasiano Aug(usto)..., T. Caesari Vespasiano..., Caesari Aug(usti) f)ilio) Domitian(o).

tions avaient favorisé, Umbricius est devenu l'haruspice particulier de la famille flavienne, et il a dû mourir avant l'accession au trône de Domitien[1]. C'est l'époque où, après la réaction de Tibère[2], les devins sont le plus en faveur, en partie peut-être grâce à l'habileté opportuniste du nôtre : Vespasien va les consulter dans le sanctuaire de Sérapis à Alexandrie[3], et il convoque à Rome les haruspices pour la reconstruction du Capitole[4]; à partir de Domitien, la vogue passera de plus en plus aux « Chaldéens » de l'astrologie[5].

« Il reste à se demander comment Umbricius put être mis en rapport avec Tarente. Créé peu après la fin de la guerre sociale[6], en tout cas avant 62[7], le municipe de cette ville n'a laissé pour souvenir de son existence qu'une dédicace à Faustine la Jeune *decreto decurionum*[8]; on ne lui connaît d'autre patron que L. Nonius Verus, *patronus ... universarum urbium Apuliae Calabriaeque*, vers 317-326[9], et, deux siècles plus tôt, Dion Chrysostome[10] était frappé déjà par la solitude des lieux. Rome avait essayé toutefois de relever la ville[11], dont Tacite[12] souligne la valeur stratégique dans la guerre même de

1. Notons que Pline (*loc. cit.*) parle de lui comme d'un homme déjà très considéré. Il n'aurait donc rien de commun avec son homonyme, ami de Juvénal; mais on peut se demander si son souvenir n'est pas présent dans les vers où cet autre Umbricius déclare qu'il ignore le mouvement des astres, ne peut ni ne veut prédire la mort d'un père, et n'a jamais inspecté les entrailles... des grenouilles (*Sat.*, III, 42).

2. Suét., *Tib.*, 63.

3. Id., *Vesp.*, 7.

4. Tac., *Hist.*, IV, 53.

5. Suét., *Domit.*, 14; 15.

6. Dessau, 6086, et la bibl. antér.

7. Cic., *Pro Arch.*, 4, 7; 5, 10.

8. *C. I. L.*, IX, 234 = Dessau, 379.

9. *C. I. L.*, XI, 831 = Dessau, 1218.

10. *Orat.*, 33, p. 401 M; cf. aussi Tac., *Ann.*, XIV, 27.

11. Les empereurs, notamment Domitien (Philostr., *Apoll.*, VII, 8, p. 132), en faisaient aussi un lieu de disgrâce.

12. *Hist.*, IV, 83.

Vespasien contre Vitellius après les pirates que Pompée y avait établis en 67 av. J.-C.[1], Néron y envoya, l'année 60, une colonie de vétérans[2] ; or, l'un d'eux appartenait, d'après son épitaphe[3], à la même tribu Scaptia qu'Umbricius Melior.

« Mais des relations plus directes ont pu se nouer entre celui-ci et la ville. Les textes comme les ruines montrent que Tarente exerça longtemps sur les Romains le prestige de son climat et de son passé : après Horace, avec Columelle[4], Umbricius a dû y faire un séjour. Il pouvait rencontrer dans la région d'autres augures[5] ou haruspices[6] ; il trouvait en tous cas dans la cité même une tradition de religiosité : outre les mouvements pythagoricien et dionysiaque, il était en mesure d'étudier et de comprendre, mieux que nous, les moules et les empreintes de disques en terre-cuite sortis par dizaines des ateliers tarentins. Sans doute M. M. Daniel[7], qui les croit du IVe siècle, prétend-il les réduire au rôle profane de réclames commerciales; mais M. Cumont[8], dont il ne connaît pas l'étude moins humoristique et plus sérieuse que la sienne, a proposé d'y reconnaître des miroirs magiques du IIe ou du Ier siècle ; si l'on réserve la question de la date, que j'espère trancher bientôt par un argument de fait, la signature d'un artiste, il me paraît difficile de méconnaître la destination apotropaïque de ces objets : ils devaient intéresser Umbricius, historien des religions et praticien de la divination.

1. Prob., ad Virg., *Georg.*, IV, 125.
2. Tac., *Ann.*, XIV, 27. Veterani Tarentum adscripti.
3. *C. I. L.*, IX, 6155 = *Not. d. Sc.*, 1881, p. 421. Un autre (*C. I. L.*, IX, 6157) était inscrit à la Mae(cia), tandis que ceux de la première colonie romaine appartenaient sans doute à la Claudia (*C. I. L.*, IX, 250, 255; cf. Kubitschek, *De Roman. trib. orig. ac propag.* Vienne, 1882, p. 56).
4. *C. I. L.*, IX, 235 = Dessau, 2923.
5. A Grumenti-Saponara en Lucanie (*C. I. L.*, X, 211 = Dessau, 1199) et à Venusia, *C. I. L.*, IX, 436).
6. A Uria (*C. I. L.*, IX, 225) et Luceria (*ibid.*, 822).
7. *Amer. Journ. of Arch.*, 1924, p. 24 et suiv.
8. *Rev. Arch.*, 1917, p. 87 et suiv.

« Quoi qu'il en soit, il est curieux de noter que, lors de son dernier réveil, le municipe de Tarente a choisi pour patron, entre 60 et 80, l'haruspice personnel de la famille impériale. »

Séance du 18 Septembre.

Présidence de M. V. Chapot, 1er vice-président.

Ouvrages offerts :

Loë (Baron de). *Musées royaux du Cinquantenaire à Bruxelles. Belgique ancienne. Catalogue descriptif et raisonné*, I : *Les âges de la pierre.* Bruxelles, 1928, in-8°.
Peyneau (Dr B.). *Les deux voies romaines de Dax à Bordeaux, d'après l'itinéraire d'Antonin et le chemin Hariaou.* Bordeaux, 1929, in-8°.

Le président donne lecture d'une lettre de M. Bruston, associé correspondant national, concernant l'interprétation d'une inscription glozélienne qui serait latine et chrétienne.

M. Martroye, membre résidant, présente à la Société un très important ouvrage de M. le baron de Loë, associé correspondant étranger :

« M. le baron de Loë, conservateur honoraire des Musées royaux de Belgique et notre associé correspondant, a adressé à notre confrère M. le marquis de Baye un important ouvrage dont il est l'auteur, en le priant de vous en présenter l'hommage. Notre confrère, éloigné de nos séances par son état de santé, m'a réservé l'honneur de vous exprimer ses regrets et de le remplacer auprès de vous.

« Le beau volume qu'il m'est ainsi donné de vous offrir est du plus haut intérêt. Vous savez, Messieurs, quelle place tiennent dans les Musées du Cinquantenaire, et tiennent dans la science, les collections relatives à la Belgique ancienne, de l'âge de la pierre à l'époque franque. Elles constituent un ensemble qui, par sa richesse en monuments précieux et par sa méthode d'organisation, fait l'admiration des spécialistes. Quand, il y a plus de trente ans, M. le baron de Loë fut nommé conservateur adjoint, cette section de la Belgique primitive n'existait qu'en projet. Elle avait atteint sa présente perfection, quand, le 1er octobre 1925, la limite d'âge obligea M. de Loë à prendre sa retraite : c'est dire qu'elle est son œuvre et que la description qu'il en donne aujourd'hui en est le couronnement.

« Le magistral catalogue, avec ses renseignements complets et précis, avec ses belles reproductions et son excellent index, est pour les spécialistes un parfait instrument de travail; il est pour tous un guide sûr, une notice préliminaire, d'une concision et d'une clarté remarquables, exposé les connaissances scientifiques acquises, les divisions, les classifications qu'elles imposent et complète le mérite d'un ouvrage qui sera bientôt, dit un maître en la matière, « un classique de l'archéologie « belge ».

Séance du 16 Octobre.

Présidence de M. M. PRINET, président.

Ouvrage offert :

LABORDE (Comte A. DE). *Les miracles de Nostre Dame, compilés par Jean Miélot.* Paris, 1929, in-4°, pl.

M. le comte A. de Laborde, membre résidant, fait hommage de la belle publication qu'il a consacrée à la reproduction des miniatures des Miracles de Notre-Dame.

M. Baschmakoff, associé correspondant étranger, étudie les mégalithes de Carnac au point de vue de leur orientation.

MM. Collinet et Demaison présentent quelques remarques.

L'élection d'un membre honoraire en remplacement de M. G. Schlumberger est fixée au mercredi 6 novembre.

Séance du 23 Octobre.

Présidence de M. M. Puiset, président.

Le commandant Lefebvre des Noëttes, membre résidant, examine le modèle de barque en argent trouvé à Ur en Chaldée au cours de l'année 1928, dans les couches du IV millénaire. De la matière ainsi que de la disposition des agrès, il conclut qu'une embarcation de ce genre n'était pas mue au moyen de rames, mais de pagaies à une palle.

MM. Mayeux et le marquis de Sayve ajoutent plusieurs remarques.

M. Dieudonné, membre résidant, fait la communication suivante :

« Je demande la permission de lire une note que j'ai rédigée sur les systèmes de numération usités au moyen âge et sous l'ancien régime, note qui donnera simplement une vue d'ensemble sur les façons de calculer comparatives de l'ancien temps et du temps actuel.

« Tous les systèmes de numération sont à base de 1 et 2. Pour l'unité, c'est l'évidence même : tous les nombres sont composés d'unités. J'ajoute que tous les systèmes reposent sur un chiffre générateur qui est multiple de 2, ou du moins je ne connais que des systèmes portant le nom d'un nombre pair, 10, 12, 16 ou 20.

« Cela posé, le système qui, en plus de 1 et 2, a pour base propre le nombre 3, est le système duodécimal, puisqu'on a : $3 \times 2 \times 2 = 12$, et que 3 ne cadre pas avec 10, 16 ou 20.

« Le système duodécimal, par 1, 2, 3, 6, 9, 12, 120, 240 était très apprécié au moyen âge. La livre se composait de 240 deniers. Le nombre 240 a l'avantage de présenter un grand nombre de sous-multiples : 2×120; 3×80; 4×60; 5×48, 6×40; 8×30; 10×24; 12×20; 15×16. Le sou était de 12 deniers. Le denier poids était de 24 grains. Le titre du métal le plus élevé était dit de 12 deniers pour l'argent (l'argent-le-roi était aux 23/24 de fin) et 24 carats pour l'or. L'once était de 24 deniers poids. Le rapport, toujours souhaité et poursuivi, de l'or à l'argent était 12. Le pied de monnaie était en fonction de 12 et de 60.

« Il reste chez nous quelques traces du système duodécimal : le chiffre soixante-dix (qui surajoute le dix à une unité duodécimale, soixante) ; la mesure de la sphère en cosmographie et la mesure de l'heure; la mesure de l'année par mois; par suite, l'intérêt de 0,60 % par an au lieu de 0,50, soit 0,05 par mois et 0,00166 par jour, dans les comptes de banque; la surenchère du 6ᵉ dans les adjudications (il y a aussi une surenchère du 10ᵉ); l'emploi du chiffre 36 (3×12) au sens de nombre indéterminé, etc... Ce ne sont là, chez nous, que des vestiges qui n'altèrent pas la physionomie générale de notre comptabilité, fondée sur d'autres principes.

« Le système qui a pour base propre le nombre 5 est le système décimal (5, 10, 15, 20, 100, 1000). C'est le nôtre.

« Il tenait une grande place au moyen âge, ne l'oublions pas. Même, avec des unités telles que deux cent quarante, cent-vingt, vingt-quatre, la graphie et le langage procédaient, comme chez nous, par quintes, dizaines et centaines, ainsi que cela résultait de l'emploi des chiffres romains I, V, X, L, C, D, M et fut confirmé par l'adoption des chiffres arabes au nombre de dix. Il aurait fallu, puisqu'on avait une préférence évidente pour le système duodécimal, créer deux chiffres de plus, et multiplier 12 par 12; mais, avec 120 (ou 12×10) et 240, on retombait dans le décimal.

« Supposez 10 et 11 représentés par des signes à créer, le chiffre 1 suivi d'un zéro aurait signifié 12, de deux zéros 144, etc... et, de nos jours, nous n'aurions qu'à aligner ces chiffres; celui de droite représentant une unité douze fois plus élevée que celui de gauche. Mais, du moment qu'on en restait au régime des dix chiffres, le système décimal devait triompher. De fait, ce système avait gagné du terrain au xviiie siècle, les divisions de l'Écu aux lauriers ne sont plus des 12e mais des 10e, et la Convention a consacré cette préférence.

« Il est d'ailleurs évident que nous avons le droit d'appliquer le système décimal aux données des textes anciens. Par exemple, 6 livres 18 sous font 6,9 livres; 1 sou 6 deniers font 1,5 sou; 3 deniers 12 grains font 3,5 deniers; 3 deniers 8 grains font 3,333 deniers; 3 deniers 18 grains font 3,75 deniers; 1 denier parisis fait 1,25 denier tournois, etc...

« Il y a aussi un système qui a pour base 4, multiplication du nombre pair par lui-même : c'est le système sexdécimal (4, 8, 16). Il subsiste pour les travaux d'imprimerie, phototypie et autres, où il faut travailler les objets par groupes de quatre (in-4°, in-8°, in-16, où des feuilles se plient en 4, 8, 16). Il fut usité au moyen âge parce que le nombre 16 a sur 10 l'avantage de se diviser par 4 et 3 fois par 2. Autrement dit : il est fréquemment employé en métrologie, parce qu'il fait partie du système de division par dédoublements successifs : 16, 8, 4, 2, et qu'il est le carré de 4. La livre romaine de 16 onces était employée par les médecins (P. Guilhiermoz, *Note sur les poids*, § 6). Le pied romain se divisait en 4 palmes et 16 doigts. Une des mines les plus employées dans le bas empire romain, l'ancienne mine attique, comprenait 16 onces. L'esterlin poids était divisé en 32 grains (as) aux Pays-Bas, division qui avait été autrefois celle de l'esterlin en Angleterre. La livre de Paris était divisée en 16 onces, et le marc de Troyes, sa demie, en 8 onces. Seize sous accompagnaient constamment les 20 sous, à cause du rapport 4 à 5 du tournois au parisis, etc...

« Il y a enfin un système résultant de la combinaison 4×5; c'est le système vicésimal. Il ne suffit pas, pour affirmer le système vicésimal, que le nombre 20 paraisse; il rentre par lui-même dans le décimal, mais il peut être le point de départ d'un système propre : IIII[xx] (quatre-vingts, c'est tout ce que nous avons conservé), VII[xx] (pour 140), VIII[xx] (pour 160), IX[xx] (pour 180), XV[xx] (l'hospice des Quinze-Vingts) (pour 300). J'ai rencontré, dans les comptes d'Alfonse de Poitiers, en 1258 : XIX[xx], IV l. (pour 384 livres). On faisait intervenir le nombre 20 par l'emploi de la livre de 20 sous, de l'esterlin de 20 deniers à l'once, du gros de compte de 20 deniers tournois, etc...

« En résumé, il ne faut pas dire, comme on le fait trop souvent, que les gens du moyen âge ignoraient le compte décimal, mais qu'ils le pratiquaient en concurrence avec d'autres, ce qui enlevait à l'un comme aux autres toute valeur de simplification.

« Ce qu'ils ignoraient, c'est le système métrique, dans lequel a été englobé notre système décimal, mais qui n'y est pas nécessairement lié. Et le système métrique n'est pas, à proprement parler, celui dans lequel la mesure de longueur dite mètre est la dix-millionième partie du quart du méridien terrestre. Peu importe l'étalon choisi; le système métrique est celui dans lequel toutes les unités de longueur, de poids, de mesure, sont graduées uniformément, dans l'espèce comme 10, 100, 1000. C'est évidemment une grande facilité pour les calculs.

« Les gens du moyen âge n'ont pas connu l'avantage d'un système unique; mais ils se plaisaient à conserver des échelles parallèles qui leur permettaient de passer à volonté d'une numération à l'autre. Nous avons vu qu'ils employaient le denier poids esterlin de 20 deniers à côté du denier poids de 24; que l'on calculait le titre (la loi) en Angleterre par 10 esterlins ou par 12 onces; nous voyons instituer, sous Charles VIII, par le Dizain de 10 deniers de cours, une pièce similaire du Douzain de 12 deniers; sous Louis XV, le 10e de l'Écu de 6 livres valait 12 sous tournois, etc...

« Même, je citerai, pour terminer, des exemples qui montrent que les façons de compter d'alors mettent quelquefois mieux en relief que les nôtres les vrais rapports. Dans une dissertation que Du Cange a jointe à son Glossaire sur le chiffre de la rançon de saint Louis, nous voyons que le rédacteur du manuscrit a employé, suivant l'usage ancien, la graphie XCM ou dix cent mil pour 1 million, laquelle est de plain-pied avec ce qui suit, soit VCM ou cinq cent mil (500,000). Dans 20 sous de tournois, rapprochés de 16 sous de parisis, on voit tout de suite le rapport 5 à 4, mieux qu'avec 240 et 192 deniers : voilà l'avantage de l'emploi du sou.

« Néanmoins, on se figure difficilement comment les gens du moyen âge auraient pu effectuer de tête des calculs aussi compliqués que les leurs : c'est pourquoi ils eurent recours à l'emploi des jetons. »

Séance du 30 Octobre.

Présidence de M. M. Prinet, président.

M. Martroye, membre résidant, lit, au nom de M. le marquis de Baye, membre honoraire, une note relative à la découverte d'un cimetière gaulois à Étoges (Marne) :

« A 700 mètres au nord-nord-est d'Étoges, sur les terres de M. Neuville, a été découvert et a été mis en exploration un cimetière gaulois de la période dite Marnienne. Les tombes en terre légère de Champagne contenaient une dizaine de vases de terre cuite, noirs et rouges, malheureusement brisés la plupart, car les sépultures ne sont guère à plus de 0^m50 à 0^m60 de profondeur.

« Outre les vases, deux *torques* en bronze ont été trouvés dont un ciselé et très beau; un bracelet, en bronze également; un fragment de lance en fer. Cette découverte s'ajoute à celles déjà opérées dans la région du Marais de Saint-Gond. »

M. L. Réau, membre résidant, fait une communication sur les Primitifs de la collection Dard au Musée de Dijon :

« Le Musée de Dijon a hérité en 1916 d'une admirable collection de Primitifs italiens, flamands, allemands et suisses, léguée par le Dr Dard qui, après un stage prolongé en magasin, est enfin ouverte au public. Cette collection, unique en France, présente le plus vif intérêt artistique et iconographique. J'ai eu l'occasion, dans un article de la *Gazette des Beaux-Arts*[1], de m'expliquer sur les problèmes d'attribution que soulèvent ces peintures qui nous sont parvenues sans état civil et sans la moindre indication de provenance. Je me bornerai ici à examiner certaines curiosités ou énigmes iconographiques qui m'ont paru mériter d'être signalées.

« L'étude iconographique de cette collection se divise logiquement en deux parties : il y a lieu de distinguer d'une part les thèmes universels de l'art chrétien; d'autre part, les légendes locales particulières à telle région de l'Allemagne, de l'Alsace ou de la Suisse.

I. — *Thèmes universels.*

« Un thème fréquent dans l'art médiéval, particulièrement au XVe siècle, est celui que nous rencontrons dans un compartiment de retable de Conrad Witz qui est peut-être la pièce capitale de la collection Dard : les deux personnages bizarrement costumés qui figurent sur ce panneau sont *l'empereur Auguste et la Sibylle de Tibur* qui lui montre dans le ciel l'Enfant-Jésus sur les genoux de la Vierge. Cette préfigure de la Nativité avait été popularisée par le Miroir du Salut (Speculum humanæ salvationis) qui a été une des principales sources de l'art du moyen âge. On pourrait en citer de nombreux exemples : un des plus connus est le volet d'un triptyque de Rogier de la Pasture au Musée de Berlin où la vision de

---

1. Louis Réau, *Les Primitifs de la collection Dard au Musée de Dijon. Gazette des Beaux-Arts*, décembre 1929.

l'empereur Auguste est mise en parallèle avec l'apparition de l'Enfant-Jésus aux rois mages.

« Une *Visitation* du maître suisse anonyme qu'on appelle le Maître à l'œillet présente de curieux détails. La Vierge et sainte Élisabeth, toutes les deux enceintes, sont accompagnées chacune d'un lapin blanc qui symbolise leur fécondité, et sur la cime d'un roc abrupt est perché un chamois qui donne à cette *Visitation* un caractère essentiellement montagnard et helvétique.

« Un des saints qui reparaissent le plus souvent dans la collection Dard est saint Jérôme. Il est représenté sous deux aspects principaux : tantôt en pénitent, au désert, tantôt en docteur de l'Église dans sa cellule expliquant ou traduisant la sainte Écriture.

« Sur le revers d'un volet du grand *Retable de la Passion*, peint dans l'atelier du Maître à l'œillet, il nous apparaît au désert, avec le lion apprivoisé qui lui sert d'attribut. Comme l'art du moyen âge se plaît à mettre en parallèle les quatre Docteurs de l'Église et les quatre Évangélistes, on a ingénieusement supposé que le lion a été attribué à saint Jérôme par analogie avec saint Marc, auquel il est presque toujours associé. Le Maître à l'œillet nous montre le saint assis devant son ermitage, en train d'enlever une épine de la patte du lion ; au second plan, il est à genoux au seuil de sa grotte devant un crucifix et se frappe la poitrine nue avec une pierre.

« Dans un autre tableau qui dérive du maître de Louvain Albert Bouts, ces deux scènes sont inversées. Au premier plan, le saint fait pénitence devant le crucifix, tandis qu'au fond du paysage on voit le lion mettant en fuite les marchands qui avaient volé l'âne du couvent et le ramenant grand train à son écurie avec la caravane des chameaux chargés de marchandises précieuses.

« Deux grands volets d'autel de l'École flamande du xvie siècle opposent à la contrition de saint Jérôme au désert son enseignement dans sa cellule tapissée de livres. On a cru reconnaître dans cette seconde scène saint Benoît exhortant un groupe de moines : c'est en réalité saint Jérôme qui reparaît sous un autre aspect : l'identité de ses traits avec ceux du saint Jérôme au désert, une inscription sur laquelle on déchiffre le nom d'Hieronymus ne laissent aucun doute à cet égard.

« Je n'ai pu réussir à préciser avec certitude la signification de deux importants volets d'autel de l'École franco-flamande qui représentent en quatre compartiments le débarquement de deux moines bénédictins, conduits par un ange, la construction d'un monastère, la remise d'un message au pape et l'introduction du chef d'un saint dans un reliquaire. Les multiples petites scènes légendaires peintes en bordure devraient permettre de retrouver avec l'aide de la Légende dorée le sujet encore inexpliqué de cette légende.

« Parmi les saints qui entourent une belle Madone florentine du Quattrocento, l'un d'eux porte à la main des fers : serait-ce saint Léonard, patron des prisonniers?

« Les étroits volets de deux petits retables de l'École allemande, dont la partie centrale a disparu, nous offrent des scènes où nous avons cru reconnaître la légende de sainte Agnès et de sainte Barbe : mais le sens exact de certains détails demanderait à être précisé.

« Sainte Barbe a été avec sainte Catherine une des saintes les plus populaires du moyen âge : cela tient à ce qu'elle était invoquée comme saint Christophe par les mourants qui réclamaient le viatique et, d'une façon plus générale, par tous les fidèles exposés à une mort soudaine : artilleurs, artificiers. Comment expliquer cette spécialisation de son culte? Probablement comme tant de légendes hagiographiques du moyen âge, par une interprétation erronée de ses attributs. Sainte Barbe était représentée à côté d'une tour percée de trois fenêtres, symbole de la sainte Trinité. La forme de cette tour à poivrière évoqua dans l'esprit des fidèles l'image des pyxides ou boîtes à hosties dont les prêtres se servaient au xv\u1d49 siècle pour apporter le viatique aux mourants[1].

1. C'est la thèse soutenue par le D\u02b3 Karl Künstle dans son *Ikonographie der christlichen Kunst.* Fribourg, 1926, t. II, p. 113.

« Pour rendre cette idée plus claire, on eut l'idée de
donner à sainte Barbe comme second attribut un calice
avec une hostie. Ces deux attributs dont l'un n'est que la
répétition de l'autre : la tour et le calice se trouvent associés sur un panneau du Maître à l'œillet où sainte Barbe
fait pendant à sainte Ursule tenant en main la flèche, instrument de son martyre.

II. — *Saints locaux.*

« Une des particularités les plus intéressantes de la
collection Dard est de nous offrir à côté de ces thèmes
iconographiques internationaux des représentations de
saints locaux dont le culte est resté confiné dans certaines
régions : ce qui nous permet de situer immédiatement
ces peintures et de les rattacher à une École bien déter-
minée.

« Je ne retiendrai que cinq ou six exemples de cette
méthode d'attribution, fondée sur l'iconographie, dont les
résultats me paraissent aussi sûrs, aussi précis, aussi
probants que l'examen stylistique le plus approfondi.

« Un des plus beaux volets d'autel de la collection
Dard représente deux saints, de proportions monumen-
tales. L'un est saint Antoine, aisément reconnaissable à
son cochon clariné; l'autre, plus difficile à identifier, est
saint Corbinien, évêque de Freising en Bavière, qui a
pour attribut un petit ours bâté. D'après la légende, en
franchissant le col du Brenner pour se rendre à Rome,
il aurait été assailli par un ours qui dévora son cheval de
bât : pour punir ce plantigrade de sa gloutonnerie, il
l'aurait forcé à recevoir sur son dos le bât de sa victime
et à lui porter son bagage jusqu'à Rome.

« Cette légende étant confinée en Bavière et dans le
Tyrol où s'était passé le miracle de l'ours, il en résulte
que la peinture en question ne peut avoir été exécutée que
dans l'une ou l'autre de ces régions et qu'elle appartient
indiscutablement soit à l'École bavaroise soit à l'École
tyrolienne. J'ai cru pouvoir l'attribuer avec une quasi
certitude à Jean Pollack, peintre de la fin du XVe siècle,

formé à l'école du maître tyrolien Michel Pacher et fixé à Munich.

« Pour des raisons du même ordre, une prédelle, groupant autour de la figure centrale de *saint Léger*, saint Antoine avec sa clochette, saint Érasme avec son cabestan autour duquel sont enroulés des cordages que des terriens naïfs prirent pour des intestins dévidés, saint Nicolas avec ses trois boules ou bourses d'or et un jeune martyr, m'a paru devoir être attribuée à l'École alsacienne. On sait, en effet, que saint Léger, évêque d'Autun, était particulièrement vénéré en Haute-Alsace et que les abbayes de Murbach et de Guebwiller l'avaient adopté comme patron.

« Dans un autre cycle de saints de la collection Dard figure la patronne de l'Alsace : sainte Odile, en costume d'abbesse, présentant deux yeux grands ouverts sur un livre. Sainte Lucie, qui était également invoquée contre la cécité et les maladies d'yeux à cause de son nom qui dérive de *lux*, lumière, n'est pas costumée en abbesse et tient les yeux qui lui servent d'attribut sur un plat : ce qui permet de la distinguer de sainte Odile.

Les autres saints que nous avons à examiner sont spécifiquement suisses : de sorte que même s'ils ne portaient pas la marque de l'œillet et du brin de lavande entrecroisés, nous pourrions avec la plus entière certitude attribuer ces peintures à l'École suisse.

« L'abbé bénédictin qui porte dans la main gauche un tonnelet est saint Otmar, dont les reliques étaient vénérées à l'abbaye de Saint-Gall. A l'inverse du tonneau des Danaïdes, le tonnelet dont il se servait tous les jours pour rafraîchir les pauvres et les pèlerins ne se vidait jamais.

« Le groupe macabre représentant un autre abbé appuyé sur sa crosse, qui conduit par la main un squelette, avait été pris d'abord pour un fragment détaché d'une Danse des Morts. Il n'en est rien. J'ai réussi à retrouver l'identité de ce personnage inconnu à l'iconographie française, bien qu'il ait été abbé à Poitiers : c'est

saint Fridolin qui fonda le monastère de Säckingen sur
le Bas-Rhin et qui était particulièrement honoré en
Suisse à Glarus et à Saint-Gall. Les moines de Saint-
Gall avaient précisément publié en 1480 une édition latine de la *Vita Fridolini* illustrée de trente-sept gravures
sur bois au frontispice de laquelle on voit ce sujet singulier. On racontait que saint Fridolin, se voyant con-
tester d'anciens privilèges octroyés à son abbaye, avait
ressuscité un certain Ursus qu'il avait amené devant
ses adversaires pour le faire témoigner en sa faveur.

« Le cycle d'images de saints, assez grossièrement
enluminées, dont nous avons déjà parlé à propos de
sainte Odile, contient l'effigie d'un autre saint local qui
nous autorise à attribuer ces peintures à un Primitif de
l'École suisse : c'est saint Théodule, évêque de Sion en
Valais, qui est représenté tenant la crosse et l'épée,
symbole de la souveraineté que Charlemagne lui avait
octroyée sur la haute vallée du Rhône. Il a pour attribut caractéristique une cloche portée par le diable.
D'après la légende, il aurait, en effet, forcé le démon à
porter de Rome à Sion une cloche que le pape lui avait
donnée pour sa cathédrale.

« Tels sont les principaux problèmes iconographiques
que soulève l'examen de cette importante collection qui
va enrichir le Musée de Dijon d'une série d'œuvres d'art
sans équivalents au Louvre et à tous égards exceptionnelle. Il m'a semblé qu'il était particulièrement intéressant d'insister sur les secours que l'attribution souvent
délicate de ces peintures pouvait tirer des données iconographiques. »

MM. Lauer, Huard, Marquet de Vasselot, Prinet et
Serbat présentent plusieurs observations.

Séance du 6 Novembre.

Présidence de M. M. PRINET, président.

Ouvrages offerts :

MARTROYE (F.). *L'affaire « indicia. » Une sentence de saint Ambroise.* Paris, 1929, in-8°.
— *Une sentence arbitrale de saint Ambroise.* Paris, 1929, in-8°.

Le président rend compte que la Préfecture de la Seine invite la Société à se prononcer sur l'acceptation du legs de M. G. Schlumberger. L'acceptation est votée à l'unanimité.

M. Stein est élu membre honoraire.

Le commandant Lefebvre des Noëttes, membre résidant, relève une erreur qui s'est glissée dans une communication faite à l'Académie des Inscriptions par M. Paulsen et selon laquelle la ferrure des chevaux aurait apparu en Grèce dès le vᵉ siècle.

Séance du 13 Novembre.

Présidence de M. M. PRINET, président.

Ouvrages offerts :

NOUAILLAC (G.). *René Fage, 1848-1929. L'homme et l'œuvre.* S. l. n. d., in-8°, 1 pl.
BRUSTON (Ch.). *La prophétie du serviteur de l'Éternel dans l'avenir.* Paris, 1929, in-8°.
BURGUBURU (P.). *Les poids en cuivre du Musée basque et la « livre bayonnaise ».* Bayonne, 1929, in-8°.
LAUER (P.). *Les actes carolingiens suspects de l'abbaye de la*

Grasse, conservés à la Bibliothèque nationale. Paris, 1929, in-8°, 3 pl.

ZAMIATNINE (S.-M.). *Station moustérienne à Ihkaia (Caucase du Nord).* Paris, s. d., in-8°.

M. Deshoulières, membre résidant, au nom de M. Henri Fage, fait hommage à la Société d'une notice consacrée par M. G. Nouaillac à la vie et aux œuvres de notre regretté confrère, M. René Fage :

« J'ai l'honneur, au nom de son fils, de faire hommage à la Société nationale des Antiquaires de France d'une notice nécrologique sur René Fage, que vient de publier M. G. Nouaillac.

« Notre compagnie sera heureuse de posséder sur les rayons qui bordent cette salle, où nous avons joui, pendant de longues années, de son agréable commerce et de sa science inépuisable, le souvenir de notre regretté confrère. Elle conservera ainsi le reflet d'une « longue et « belle vie — je cite les premières lignes du livre — sans « ombres ni remous; méthodiquement, paisiblement con- « sacrée à l'honneur et au devoir et dominée par une noble « passion intellectuelle. »

Le commandant Lefebvre des Noëttes, membre résidant, attire l'attention sur ce fait que, dans le bas-relief de l'attelage de Vaison, les clous et le fer du seul pied ferré sont figurés en creux, alors que tous les autres détails ont été dégagés en relief : il y a donc présomption d'une retouche moderne.

Séance du 20 Novembre.

Présidence de M. M. PRINET, président.

Ouvrages offerts :

MAURICE (J.). *Sainte Hélène.* Paris, 1930, in-8°.

CARCOPINO (J.). *Note sur une inscription chrétienne de Volubilis.* Paris, 1928, gr. in-8°.

Carcopino (J.). *Quelques passages controversés du règlement d'Henchir-Mettich*. Paris, 1928, in-8°.

Demaison (L.). *Les noms des rues de Reims*. Reims, 1929, in-8°.

Le président annonce le décès de M. F. Pasquier, associé correspondant national.

M. J. Maurice, membre résidant, fait hommage de son travail sur sainte Hélène.

M. le comte du Mesnil du Buisson, associé correspondant national, présente quelques observations au sujet du grand ouvrage de Camille Enlart, sur *Les monuments des Croisés, dans le royaume de Jérusalem :*

« En dix ans, nos connaissances relatives aux croisés ont été transformées. Au prix d'un immense labeur rendu possible par la création des mandats, une infinité de monuments de premier ordre, inconnus ou mal connus, ont été étudiés et reproduits en plan, en coupe, en photographie. La première étape de cette révélation scientifique est marquée par le grand ouvrage de notre regretté maître Camille Enlart, *Les monuments des croisés dans le royaume de Jérusalem, Architecture religieuse et civile*[1]. M. Paul Deschamps, qui a succédé à M. Enlart dans la conservation du Musée de sculpture comparée au Trocadéro, aura la gloire de parachever l'œuvre en publiant les monuments d'architecture militaire. Nous en savons assez sur les découvertes et les travaux de cet archéologue, dont les missions sont en cours, pour affirmer que la seconde étape sera digne de la première. M. Deschamps déblaie le Kal'a el-Hosn, le célèbre Crac des Chevaliers entre Tripoli et Homs et explore, en ce moment, les régions si riches d'Antioche et de Tripoli.

« La tâche actuelle est caractérisée par l'apport de monuments d'art. La Syrie et la Palestine ne nous ont

---

1. Deux volumes et deux atlas de planches. Librairie orientale Paul Geuthner, 13, rue Jacob, Paris, vi°.

pas fourni de chartes nouvelles; ce sont les monastères d'Occident qui ont conservé les archives des croisés et leur publication est une œuvre déjà ancienne. Les textes nouveaux sont gravés sur la pierre; ce sont des épitaphes, des sentences, noms et pensées liés au sol et aux édifices. Par la connaissance des édifices et des objets d'art façonnés de la main des Croisés, nous rentrons vraiment dans l'intimité de ces chevaliers, de ces moines, de ces marchands venus à grand'peine de nos provinces. A l'aridité des textes, Camille Enlart substitue la voix des cathédrales; l'écho des salles d'armes viendra, lui aussi, renforcer les dires des vieux chroniqueurs. C'est au travers d'un vitrail multicolore que nous recevons cette lumière reflétée par les monuments des croisés.

« Lorsqu'on a eu la bonne fortune de suivre le maître dans ses patients efforts, on comprend que nul ne pouvait mieux que lui faire renaître la vie autour d'œuvres si malmenées encore de nos jours. Il joignait, en effet, un tempérament d'artiste, une endurance de cénobite et une connaissance de l'art du moyen âge qui déconcerte. A la vue d'un détail, vingt rapprochements se présentaient à son esprit, lui permettant de retrouver les dates et les influences. Cette science transcendante ne lui avait du reste nullement fait mépriser les connaissances de technique plus modeste, mais nécessaire à tout chargé de mission; ses dessins, ses plans, ses photographies témoignent d'un souci de la précision, bel exemple pour les jeunes.

« Les monuments contemporains des faits, bien observés et bien reproduits, deviennent clairs sous sa plume. C'est tout un monde nouveau qu'il révèle : à Beyrouth, Enlart publie une cathédrale inédite; à Belmont, il découvre une abbaye du xiiie siècle inconnue. Les rapports de civilisation et les échanges mis en lumière par leur étude ressortaient de l'ouvrage; il trouve seize fois la trace de l'art toulousain, dix-huit fois celle de l'art normand, cinquante et une fois celle de l'art bourguignon, soixante-dix fois celle de l'art arabe, etc...

« Cette évocation de l'œuvre de Camille Enlart en Syrie me permettra de présenter quelques modestes observations faites sur le sujet au cours de mes missions en Syrie. Enlart ne cite mes articles sur saint Georges à Beyrouth[1] que d'après des conversations que j'ai eues avec lui[2]. Ces études n'ont paru qu'après son décès. Il signale à Beyrouth, en plus de Saint-Jean, les églises de Saint-Marc des Vénitiens, de Sainte-Catherine, de Saint-Sauveur et de Saint-Georges. On devra ajouter les églises de Sainte-Barbe et de Saint-Nicolas, une seconde église de Saint-Georges ; puis, suivant une tradition locale, deux églises dédiées aux Quarante-Martyrs et la Vierge dite Nouriyé.

« Comme je l'ai montré[3], il faut distinguer deux églises de Saint-Georges, l'une dans les murs, vraisemblablement vers l'emplacement de la cathédrale moderne grecque de Saint-Georges, l'autre au lieu du combat miraculeux, près du Nahr Beyrouth. Petrus de Pennis, auquel se réfère Enlart, distingue du reste, parfaitement, l'église située dans la ville et celle qui est *extra muros* à deux milles vers l'Orient, au lieu du combat[4].

« La tradition locale place Saint-Sauveur et son couvent à l'emplacement de la mosquée de Bab es-Seraïä, qui n'est nullement à l'abandon[5].

« Le sanctuaire de Nouriyé est tout proche des cathédrales melchite et orthodoxe.

« A l'église des Quarante-Martyrs auraient appartenu les colonnes situées au nord de la rue des Martyrs. La

1. *Bulletin de la Société française des fouilles archéologiques*, 1926, p. 81. *Mélanges de l'Université Saint-Joseph*, t. XII, p. 251.
2. *Les monuments des Croisés*, II, p. 80.
3. *Société des fouilles*, 1926, p. 117.
4. *Revue de l'Orient latin*, t. IX, p. 380.
5. Jacques de Vérone (*Liber peregrinationis fr. J. de Verona*) mentionne le premier, en 1335, l'église Saint-Sauveur comme lieu du miracle du sang. R. Röhricht, *Revue de l'Orient latin*, t. III, p. 155-302. Saint-Sauveur et son couvent dépendait de Jérusalem (cf. entre autres, *Voyage de M. d'Aramon*, 1547, p. 140, « le couvent de cordeliers »).

tradition ne nous apprend rien sur l'époque de [...]
dont le nom est resté pour la première fois par [...]
à la fin du XVIII siècle[1], mais un oratoire à demi
abandonné qui s'élève à côté des colonnes s'appelle encore Redjal el-Arbain. Gaye consul à Beyrouth a vu
cette sorte de Qoubba il y a un siècle[2]. L'église qui

Colonnes de l'église des M[...]

rait être antérieure aux croisés, car nous savons qu'il
existait deux πύργος à Beyrouth au XI siècle. Zacharie le Scolastique en effet parle du second πύργος.

Le premier dont nous ne savons rien pourrait être
l'église des Quarante-Martyrs, le second Saint-Georges
hors-les-murs. Zacharie le Scolastique nous apprend en
effet que ce second πύργος était proche de la mer

1. Loqman dans l'empire ottoman, t. II, p. [...]
2. Relation d'un séjour à Beyrouth, p. [...] Les colonnes ne
sont pas [...] dans le petit oratoire [...] mais [...]
3. M. A. Kugener, Patrologie orientale [...] Zacharie le Scolastique, t. II, p. [...]

— 198 —

(p. 72, l. 2-3 et 9) et sans doute un peu à l'écart puisqu'on s'y livrait à des évocations magiques (p. 72, l, 9) ;
il y avait beaucoup de tombeaux isolés dans ce temple
dont un παρχμονάριος avait la garde (p. 72, l. 4-5 et 15-
16). Ces caractères correspondent parfaitement à Saint-
Georges, situé dans une nécropole antique[1]. Ce sanctuaire était sur la route romaine de Tripoli, il est très
vraisemblable aussi que les pauvres y aient eu un abri
pour la nuit (p. 72, l. 2). Le R. P. Mouterde avait déjà
pensé que Saint-Georges-hors-les-Murs pouvait être un
μαρτύριον[2]. Pour l'église des Quarante-Martyrs, la persistance de la tradition nous fait penser qu'en tout cas,
comme à Saint-Georges-hors-les-Murs, un lieu de culte
s'est maintenu au même endroit depuis la fondation de
l'église.

« Nous croyons pouvoir identifier l'emplacement de
l'église de Sainte-Barbe signalé au XIVe et au XVe siècle
avec celui de l'actuelle mosquée ed-Delbagha.

« Le seigneur d'Auglure visita cette église en 1395 ;
il écrit : « Item, en la cité de Baruth est l'église de mon-
« seigneur saint George. Item, l'église de Sainte Barbe ;
« et au dehors en une estroicte rue a ung petit pilier de
« marbre de plusieurs couleurs, sur lequel saincte Barbe
« ot coppée la teste ; et est le dit pillier jusques au jour-
« d'uy coulourés de son sang[3]. » Moins d'un siècle après,
l'église était transformée en mosquée. Francesco Su-
riano au XVe siècle mentionne ainsi l'église : « Dans la
« cité, est une église de Sainte-Barbe prise par les Sar-
« rasins[4] », et ailleurs « l'église est au port de la cité
« au-dessus de la marine (*sopra la marina*)[5]. » Une note
ajoute : « Hors le mur de la cité, à côté (*accanto = juxta*)

1. *Bulletin de la Société française des fouilles archéologiques*,
1925, p. 88-99, fig. 1.

2. P. Collinet, *Syria*. 1929, p. 80.

3. D'Anglure, *Le saint voyage de Jérusalem*, p. 11.

4. *Il trattato di terra santa e dell'oriente* (1re éd., 1485), publ.
par Girolamo Golubovich. Milan, 1900, p. 162.

5. *Ibid.*, p. 154.

« de la mer, du côté de l'Orient, est une église de Sainte-
« Barbe[1]. »

« En résumé, cette église était sur le bord de la mer,
au port de la cité, au-dessus de la marine et du côté de
l'Orient. Elle pouvait être dite en même temps « dans
« la cité » et « hors le mur » ; au dehors se trouvait une
étroite rue.

« L'ancienne « marine » de Beyrouth était formée
d'une bande de rivage de 200 mètres de longueur, limi-
tée à l'Est par la pointe rocheuse du Château, el-Qal'a,
et à l'Ouest par le quartier d'es-Santiyé recouvrant une
partie du cap de la Damasquine, Ras ech-Châmiyé. Nos
recherches sont limitées ; le côté de l'Orient est celui du
château et de Bab ed-Debbagha.

« Nous trouvons précisément à cet endroit une mosquée qui, d'après un cheikh, a été construite par Omar
Eben el-Kattab sur l'emplacement d'une église prise aux
chrétiens. Cette église aurait elle-même succédé à un
temple phénicien (?).

« Cet emplacement pouvait être dit dans la cité et hors
du mur. En effet, la « marine » était à l'intérieur du
rempart regagnant le château ; mais elle était séparée de
la cité par le mur du front de mer.

« L'église de Saint-Nicolas ne nous est connue que par
un texte de Ludolph von Suchem, qui écrit en 1350 :
« Dans la cité, il y a une belle église construite en l'hon-
« neur de saint Nicolas que les chrétiens [de Beyrouth]
« ont en très grande vénération[2]. »

« L'église Saint-Marc n'est mentionnée à notre connaissance que dans trois chartes du royaume de Jérusalem des années 1241 et 1245[3].

---

1. *Il trattato di terra santa e dell'oriente* (1re éd., 1845), publ.
par Girolamo Golubovich. Milan, 1900, n° 58, fol. 1032.

2. Ludolph von Suchem, *De terra et itinere Iherosolimitano et
de statu ejus*, etc., incunable, fol. 13 v°, et *Pilgr. Text. soc.*,
vol. XII.

3. R. Röhricht, *Regesta Regni Hierosolymitani*, 1893, p. 227,
300 et 302. « Ecclesia S. Marci Barutensis » ou « de Baruto ».

« Quant à l'église Sainte-Catherine, nous n'en avons trouvé mention dans aucun texte; Enlart ne donne pas de référence. »

Séance du 27 Novembre.

Présidence de M. M. PRINET, président.

Ouvrages offerts :

FONTAINE (G.). *Pontigny, abbaye cistercienne.* Paris, 1929, in-4º.

GAL (L.). *L'architecture religieuse en Hongrie du XIᶜ au XIIIᵉ siècle.* Paris, 1929, in-8º, pl.

BEAUSSART (P.). *L'église bénédictine de La Charité-sur-Loire.* La Charité, 1929, in-8º, pl.

Congrès archéologique de France, LXXXXIᶜ session tenue à Dijon, en 1928, par la Société française d'archéologie. Paris, 1929, in-8º, pl.

M. Deshoulières, membre résidant, présente le volume publié par la Société française d'archéologie à l'occasion du Congrès tenu à Dijon, en 1928.

M. G. Huard, membre résidant, présente un ouvrage de M. Beaussart sur l'église de la Charité-sur-Loire, dont l'éditeur fait hommage à la Société.

M. Focillon, membre résidant, présente la monographie de l'église de Pontigny par M. Fontaine et un travail de M. L. Gál sur l'architecture religieuse en Hongrie du xiᵉ et du xiiᵉ siècle.

M. le comte de Lapparent, associé correspondant national, fait une communication tendant à démontrer que le tableau du maître de Flémalle, conservé au Musée du Prado à Madrid, en raison de plusieurs détails, notamment dans le paysage, représente non la sainte Vierge mais sainte Barbe.

M. Deshoulières, membre résidant, étudie la petite
église du prieuré de Grandmont-Châteauneuf, commune
de Corquoi (Cher) :

« On y retrouve tous les caractères qui distinguent les
églises de l'ordre des Grandmontains : nef unique voû-
tée d'un berceau brisé sans doubleau et dépourvue de fenêtres latérales ; chœur en hémicycle plus large que la
nef ; éclairage fourni par une seule fenêtre percée dans
la façade et par trois baies ajourant le chevet. Enfin, il
n'existe pas de portail oriental, et deux étroites portes,
l'une au sud, l'autre au nord de l'église, en permettent
l'accès.

« Cette chapelle fut bâtie entre 1140 et 1203, mais on
voit, dans le chœur, les restes d'une peinture représentant la Vierge allaitant l'Enfant, qui doit remonter au
XIVe siècle. M. Deshoulières termine en comparant la
chapelle de Grandmont-Châteauneuf à celles de Font-
blanche, commune de Genouilly (Cher), du Puy-Chevrier,
commune de Mérigny (Indre), de Saint-Jean-les-Bons-
hommes, commune de Sauvigny (Yonne) et de Badoix
(Haute-Vienne) qui appartiennent au même ordre et présentent les mêmes caractères. »

M. L. Coutil, associé correspondant national, étudie
les mors de chevaux aux époques néolithiques, du bronze,
du fer et jusqu'au Xe siècle :

« 1° *Mors néolithiques.* — La domestication du cheval
est prouvée à l'époque néolithique par la présence, dans
les stations lacustres de la Suisse, de mors de bride en
os et divers ornements destinés à des pièces de harnachement et même une roue et des pièces ayant fait partie d'un chariot. On trouva d'abord des morceaux de
corne très polie de 0m10 à 0m18 de longueur, percées de
plusieurs trous, dont l'un au centre et les deux autres aux
extrémités ; les bords de ces trous portent des traces
d'usure ; leur grand axe était toujours perpendiculaire
aux extrémités. — En 1872, on fut fixé sur l'usage de
ces objets par la découverte, à Mœringen, d'un beau

mors en os, bien conservé; on découvrit ensuite des mors de bronze, de même modèle, dans le voisinage. Enfin, en 1888, on trouva dans la station lacustre de Corcelettes un mors complet formé de deux andouilliers, reliés par une pièce transversale; puis un second; ensuite ceux d'Estavayer, de Karmine (Allemagne), Sternberg, à Wormsée (Haute-Bavière), qui en a donné douze. D'autres ont été trouvées à Koban le Haut (Caucase). Les dragages de la rivière d'Oise en ont donné deux; la station du bois du Roi, à Récoux (Charente) en a donné également un autre. On voit les deux branches d'un autre au musée d'histoire naturelle de Rouen, mais sans provenance certaine, où il est attribué à tort à l'âge du bronze.

« 2º *Mors de l'âge du bronze.* — La station lacustre de Mœringen, celle de Corcelettes, de Nidau, d'Auvernier et d'Estavayer ont donné des mors de l'âge du bronze. Le musée de Copenhague en a donné un autre plus compliqué, nous citerons encore ceux de Nymo (Jutland), de Koban (Caucase), un de Tréglitz, à la frontière du Brandebourg, un du musée de Budapest; de Helmanstadt (Allemagne), de Pyritz (Poméranie). Les mors de cette période présentent des branches moyennes écartées par un canon de 0^{m}07, ce qui prouve que les chevaux étaient de petite taille et de 1^{m}20 à 1^{m}30 de hauteur moyenne, un de leurs tibias le prouve.

« 3º *Mors du 1er âge du fer.* — Il existe d'autres pièces qui semblent avoir été appliquées à des harnachements, à titre d'ornements : phalères, disques, pièces ajourées, parfois décorées d'une tête de cheval et provenant de la nécropole de Cupra Marittima (Ascoli). Le musée Saint-Raymond de Toulouse en possède deux autres branches provenant de l'Italie du nord rappelant celles de Ronzano (Italie du Nord) et aussi le mors complet de Klein-Glein (Styrie). Ceux de Caere (Cervetri); deux de Koban le Haut (Caucase) sont plus grands et offrent des canons de 0^{m}12 d'ouverture, comme ceux de la nécropole de Goré (Caucase). Nous ajouterons ceux de Bavière, de la Styrie, de la Carniole, de l'Italie, provenant de Verucchio près Rimini, Ramonte, Caere, de la fonderie de Bologne, de Corneto, Ronzano.

« *Mors de dressage.* — Ces mors possèdent parfois des canons compliqués et contournés avec des olives mobiles destinées à maintenir la langue et les commissures des lèvres, tels ceux de la nécropole ibérique de Aquilar de Anquita (nord de l'Espagne) explorée par le marquis de Cerralbo; celui d'un tumulus du plateau de Gers, près Tarbes, à Pontacq et Barzun. Ces mors nous amènent à celui que nous avons recueilli dans une sépulture gauloise à Léry (Eure) et que nous avons offert au musée d'Évreux avec nos collections. Citons encore ceux de Verna, arrondissement de Cremieu (Isère), un autre du musée de Vienne (Isère), de Chalindrey (Haute-Marne), Ciry-Salsogne (Aisne), dans les ruines de Fiala-Patsch (Herzégovine).

« Les mors gaulois de la période de la Tène sont nombreux, ce sont plutôt des bridons plus simples, nous citerons ceux de la Tène (Suisse), des sépultures à char de la Marne à la Gorge-Meilet, Somme-Bionne, Septsaulx (Marne), Nanterre (Seine).

« *Mors de la Tène II et IV* (2 et 4). Mérovingiens et Carolingiens. — On en a trouvé d'un peu différents en Angleterre, près de Hull (Yorkshire) et à Birrenswarck (Dumfriesshire), de Westmoreland-Ullswater (Angleterre), mais ces derniers sont plus récents et de la Tène IV, ainsi que ceux de Rappenau (duché de Bade), du musée de Stuttgart (Wurtemberg), de Ramonte (Italie), de Helenendorf, près de Yelisavetpol (Transcaucasie), sans doute de la Tène II.

« Enfin, les mors mérovingiens de la Cheppe (Marne), Fère-en-Tardenois (Aisne) et Étrigny (Saône-et-Loire).

« *Mors des VIIIe et IXe siècles.* — Ces mors ont été généralement retrouvés en Suède, ils sont formés de longues branches avec des plaquettes ornées, comme ceux du presbytère d'Eskelhem (île de Gotland), de Jamtland Mansgraf, du musée de Stockholm. La nécropole de Vendel, canton d'Orbyhus (au nord de l'Uppland (Suède) en a donné six richement ornés de gravures et d'entrelacs niellés de bronze doré et plus compliqués reproduits dans l'ouvrage de Stolpe et Arne, par l'Académie royale de Stockholm) et qui fait partie de ce musée. »

M. Coutil signale ensuite les monuments funéraires chrétiens d'Irlande, trouvés à Killeen Cormac (Irlande) par MM. Macalister et Lloyd Praeger :

« Les *Proceedings* de l'Académie royale d'Irlande (XXXVIII⁰ volume), publié en 1929, décrivent des pierres funéraires ornées que l'on attribue au vii⁰ ou viii⁰ siècle ; nous citerons celle qui porte des inscriptions bilingues accompagnées d'un personnage représentant peut-être le Christ, à la partie supérieure ; malheureusement, elle a été retouchée ; primitivement, les contours étaient formés de petites cupules aux trous ronds accolés. Cette stèle, unique dans l'art irlandais, est probablement d'inspiration byzantine, elle mesure 2ᵐ10 sur 0ᵐ275, épaisseur 0ᵐ25.

« La seconde mesure 1ᵐ50 × 0ᵐ70 et 0ᵐ15 d'épaisseur ; elle est plate, sans inscription, avec une croix grecque ; une roue est gravée à la partie supérieure (d'un côté seulement).

« La troisième, de 1ᵐ15 sur 0ᵐ575, avec une croix simple en relief, mais difficile à dater.

« La quatrième (0ᵐ70 × 0ᵐ55 et seulement 0ᵐ08 d'épaisseur) présente une croix simple formée de deux lignes avec un signe correspondant à la lettre T qui paraît plus moderne.

« La cinquième en granit de forme carrée (1ᵐ20 de haut), avec cavité carrée au sommet.

« La sixième est identique ; on croit deviner que l'on a effacé les croix de ces deux dernières, car un côté de la cavité médiane a été brisé pour en arracher l'ornement qui pouvait s'y trouver.

« La septième pierre, de 0ᵐ85 sur 0ᵐ86 et 0ᵐ10 d'épaisseur, offre un fouillis de rainures à la partie supérieure ; une croix se voit au centre.

« L'inscription bilingue porte O · RVVIDES ; une autre ogamique. MAGI-ODECCEDA. »

Séance du 4 Décembre.

Présidence de M. M. Roy, 1er vice-président.

Il est procédé au renouvellement du bureau et des commissions pour l'année 1930.

Sont élus :

Président : M. V. Chapot.
1er vice-président : M. L. Serbat.
2e vice-président : M. L. Mirot.
Secrétaire : M. J. Zeiller.
Secrétaire-adjoint : M. L. Réau.
Trésorier : M. A. Merlin.
Bibliothécaire : M. G. Espinas.

Membres de la commission des impressions : MM. H. Omont, M. Prou, É. Michon, J. Marquet de Vasselot et L. Serbat.

Membres de la commission des *Mettensia* : M. H. Omont, R. Cagnat, A. Blanchet et H. Stein.

Membres de la commission des fonds : MM. Ph. Lauer, H. D'Allemagne, M. Prinet.

M. Louis-Marie Michon, associé correspondant national, étudie un Évangéliaire du xiie siècle conservé à la Bibliothèque de Laon (ms. 55 a). C'est un des plus beaux spécimens de l'École des miniaturistes qui fleurissait aux environs de 1150 au monastère de Marbach-Schwarzenthann, près de Colmar. Ce monastère, où furent écrites les *Annales Marbacenses*, était un des plus importants d'Alsace. Un manuscrit de la Bibliothèque du grand séminaire de Strasbourg, écrit et enluminé en 1154 par Sintramm, chanoine de Marbach, et Guta, moniale de Schwarzenthann, était jusqu'à présent le seul exemple connu de cette école très influencée par l'art rhénan et allemand.

MM. Lauer, Samaran, Blanchet et Prou présentent plusieurs observations.

Séance du 11 Décembre.

Présidence de M. M. Prinet, président.

Ouvrage offert :

Soyer (J.). *Souvenirs de la terre sainte et de l'Orient latin dans les noms de lieux du département du Loiret.* Paris, 1929, in-8°.

Le président offre les félicitations de la Société à M. G. Millet, membre résidant, qui vient d'être élu membre de l'Académie des inscriptions et belles-lettres.

Le commandant Lefebvre des Noëttes, membre résidant, signale les erreurs commises par certains archéologues allemands dans l'interprétation de la nage des rameurs, figurée sur les bas-reliefs de l'ancien empire égyptien.

MM. Ph. Lauer, Deshoulières et Merlin ajoutent diverses remarques.

Séance du 18 Décembre.

Présidence de M. M. Prinet, président.

Ouvrage offert :

Faral. (E.). *La légende arthurienne. Études et documents.* Paris, 1929, 3 vol. in-8°.

M. Dimier, membre résidant, présente à la Société les

trois volumes que M. Edmond Faral, associé correspondant national, a consacrés à la *Légende arthurienne*.

M. J. Carcopino, membre résidant, fait passer sous
les yeux de la Société le diplôme militaire « Jean Mas-
péro » et en démontre toute l'importance.

MM. Toutain, Michon, Collinet, Merlin formulent de
nombreuses observations.

M. Dieudonné, membre résidant, fait la communication suivante :

« Il est quelquefois difficile, par exemple dans la numismatique d'Antioche, de distinguer les têtes ou bustes
d'Apollon d'avec les têtes ou bustes de sa sœur Artémis. On sait, en effet, que le dieu de Daphné, avec sa
longue robe, avait des allures passablement féminines.
Sa coiffure s'en ressentait ; ce sont des cheveux bouclés
ramenés en chignon, ou pendant sur le cou en longues
nattes. Cependant, l'examen de deux monnaies, du temps
de l'Empire, que je viens de présenter dans la *Revue numismatique*, l'une où la déesse a un croissant dans les
cheveux et qui est un chalque, ΧΑΛΚΟΥΣ, l'autre où elle
s'oppose à Apollon figuré de l'autre côté, permettent
d'établir que les têtes d'Artémis étaient alors diadémées,
tandis que celles d'Apollon étaient laurées.

« J'ai tendance à croire que, en Syrie, à l'époque impériale, le diadème était considéré comme une distinc-
tion honorifique moins relevée que la couronne de laurier, puisque celui-ci était réservé à Apollon, le grand
dieu d'Antioche, l'autre à Artémis, sa parèdre.

« L'observation est valable pour l'époque perse en Syrie et les *Catalogues* d'E. Babelon, où les Apollon sont
tous laurés et les Artémis diadémées. Voici un exemple
curieux qu'a signalé l'auteur d'une étude sur le Démos,
parue dans la *Revue suisse de numismatique*.

« E. Babelon, dans son *Catalogue*, a qualifié Zeus une
tête diadémée conjuguée avec celle de Tyché (n° 1657)
et placée à l'arrière-plan. Cette subordination du grand

dieu de l'Olympe à la déesse de la Cité paraît peu convenable; d'autant plus que, partout ailleurs, Zeus, dans cette numismatique, est lauré; je préférerai appeler Démos, la divinité diadémée, Tyché et le Démos étant les deux personnifications, l'une féminine, l'autre masculine, du municipe.

« Je ne prétends pas soutenir que la subordination du diadème au laurier ait été de règle dans l'iconographie grecque en général; je laisse à d'autres, plus qualifiés, le soin de limiter ou d'étendre la portée de mes observations. »

BIBLIOTHÈQUE Nº DE MELUN

TABLES

DU

BULLETIN DE 1929

I.

Index par noms d'auteurs.

"""

II.

Index géographique.

III.

Index des illustrations.

IV.

Renseignements généraux.

Nogent-le-Rotrou, imprimerie DAUPELEY-GOUVERNEUR.

www.ingramcontent.com/pod-product-compliance
Lightning Source LLC
LaVergne TN
LVHW012009170726
843503LV00001B/291